INTERPRETATIONSHILFE ENGLISCH

Ray Bradbury

Fahrenheit 451

Interpretiert von
Dieter Ulm

STARK

Bildnachweis
Umschlagbild: © Robert Ischwang
S. 3: © ullstein – Camera Press Ltd.
S. 9, 11, 69: Cinetext
S. 19: Hosukie Huynh
S. 25: Nick Benjaminsz
S. 26: Peter Zelei
S. 62: mexikids

ISBN 978-3-89449-660-9

www.stark-verlag.de
1. Auflage 2004

Inhalt

Autor: Dieter Ulm

Vorwort

Liebe Schülerin, lieber Schüler,

diese Interpretationshilfe ermöglicht Ihnen ein umfassendes Verständnis von Ray Bradburys *Fahrenheit 451* und unterstützt Sie bei der Romanlektüre ebenso wie bei der Vorbereitung auf Klausuren oder Prüfungen.

Der erste Teil informiert über **Leben und Werk des Autors** und die Entstehung des Romans. Die **Inhaltsangabe** hebt alles Wesentliche hervor und hilft Ihnen, den Text zu überblicken. Das Kapitel „Textanalyse und Interpretation" enthält eine **Beschreibung der Personen**, Analysen von **Form und Erzählstruktur** sowie **Sprache und Symbolik**, eine ausführliche Untersuchung der **Thematik** und Interpretationen von **Schlüsselstellen**. Ein **zusammenfassender Vergleich** von *Fahrenheit 451* mit Huxleys *Brave New World* und Orwells *1984* weist Sie auf die wichtigsten Gemeinsamkeiten bzw. Unterschiede hin. Einige **weiterführende Literaturangaben** schließen das Buch ab.

Ich wünsche Ihnen viel Freude und Erfolg bei der Beschäftigung mit Bradburys Roman.

Dieter Ulm

Einführung

Das an Krisen und Katastrophen reiche 20. Jahrhundert hat eine Reihe literarischer Werke hervorgebracht, in denen eine düstere Zukunft heraufbeschworen wird. Aus der beachtlichen Zahl von Büchern dieser Art haben drei Romane den Status repräsentativer Anti-Utopien erlangt: Orwells *1984,* Huxleys *Brave New World* und Bradburys *Fahrenheit 451*. Orwells Schreckensvision einer brutalen Diktatur ist allgemein bekannt und der Slogan *Big Brother is watching you* ist in die Umgangssprache eingegangen. Auch Huxleys Menschen züchtende und Glücksdrogen konsumierende Gesellschaft wird häufig als prophetische Warnung zitiert. *Fahrenheit 451* nimmt neben diesen beiden klassischen Zukunftsentwürfen einen etwas bescheideneren Platz ein. Weniger durch abstrakte politische oder wissenschaftliche Theorien geprägt, beschäftigt sich der Roman pragmatisch mit bestimmten gesellschaftlichen Entwicklungen und ihren konkreten Folgen. Allerdings geht es auch hierbei um höchst bedeutsame allgemeine Fragestellungen.

Zentrale Metapher ist die staatlich organisierte Bücherverbrennung. Damit ist nicht nur die Zerstörung der literarischen Überlieferung gemeint. Bradbury kritisiert den Verlust kultureller Traditionen insgesamt. Man hat ihm vorgeworfen, er verkläre die Vergangenheit und sehne sich nach der heilen Welt seiner Kindheit zurück. Dies ist jedoch nur bedingt richtig. Es geht ihm vor allem um die Auswirkungen eines Kulturbruchs. Seine kritischen Ansichten zu diesem Thema verdienen, ernst genommen zu werden.

Zu den besonderen Merkmalen von *Fahrenheit 451* gehört eine spezifische Art der sprachlichen Darstellung. Was Bradbury seine Romanfigur Faber als Qualität literarischer Texte beschreiben lässt, trifft auf das Buch selbst in besonderer Weise zu. Danach zeichnet sich ein guter Text durch eine Vielzahl aussagekräftiger Einzelheiten aus (Faber spricht von „telling detail"), die sich wie die Teile eines Puzzles allmählich zu einem Gesamtbild zusammenfügen. Bradbury beschreibt das Charakteristische einer Situation mit größter Genauigkeit. Man denke etwa an die Wiederbelebungsszene nach Mildreds Selbstmordversuch, wo ein Team von zwei Mechanikern das Blut der Frau austauscht, wie man bei einem Auto das Öl wechselt. Hier wird die Degradierung des Menschen zum Objekt einer hybriden Technik am konkreten Beispiel erfahrbar. Auch für den Roman im Ganzen gilt, dass der Ideengehalt fast immer durch anschauliche Beschreibung der Einzelheiten verdeutlicht wird.

Ein halbes Jahrhundert nach seinem Erscheinen hat das Buch keineswegs an Bedeutung verloren. Vielmehr erweist sich seine Relevanz immer deutlicher, je weiter die Zeit fortschreitet. Vieles von dem, wovor Bradbury warnen, ja was er verhindern wollte, ist bereits alltägliche Realität. So ist die Gefahr, dass wir uns in virtuellen Welten verlieren und die Wirklichkeit nur noch verzerrt wahrnehmen, nicht mehr nur eine Zukunftsprojektion. Auch Vereinsamung in der Massengesellschaft, Konsumzwang unter dem Druck aggressiver Marktstrategien oder Gewaltbereitschaft als Ausdruck der Unfähigkeit, Freizeit sinnvoll zu gestalten, sind Phänomene heutiger Industriegesellschaften.

Fahrenheit 451 ist nach seinen eigenen Kriterien eines jener Bücher, deren Überlieferung für spätere Generationen wichtig ist. Es enthält die Aufforderung zum Nachdenken und Handeln, damit die Welt nicht zu einem Spiegelbild dessen wird, was der Roman beschreibt.

Biografie und Entstehungsgeschichte

Bradburys Biografie ist die Geschichte einer außergewöhnlichen Schriftstellerkarriere. Seine erfolgreichsten Bücher wurden weltweit millionenfach verkauft. In fast allen renommierten englischsprachigen Zeitschriften sind seine Erzählungen erschienen. Zahlreiche Preise, Ehrungen und Auszeichnungen zeugen von allgemeiner Anerkennung seiner Leistung. Sogar ein Mondkrater wurde nach einem seiner Bücher benannt.

Raymond Douglas Bradbury wurde am 22. August 1920 in Waukegan, einer mittelwestlichen Kleinstadt im US-Bundesstaat Illinois, als drittes der vier Kinder von Leonard Spaulding Bradbury und Esther Marie Moberg geboren. Am Ort lebten auch Großeltern und andere Verwandte. Die engen Familienbeziehungen und die kleinstädtische Umgebung seiner Kindheit sind für den späteren Autor eine wichtige Stoffquelle geworden. Als der Vater in den zwanziger Jahren seine Stellung bei einer Telefongesellschaft verlor, wechselte die Familie mehrfach den Wohnsitz zwischen Waukegan und Tucson, Arizona, und zog 1934 schließlich nach Los Angeles, das Bradburys zweite Heimatstadt wurde. Von Anfang an war er von der hier herrschenden kulturellen Vielfalt beeindruckt. Auch die Nähe Hollywoods übte auf den filmbegeisterten Jugendlichen eine starke Anziehung aus.

Bradbury besuchte die *Los Angeles High School* und versuchte sich schon während seiner Schulzeit im Schreiben fantastischer Geschichten. Seit 1937 gehörte er der *Los Angeles Science Fiction League* an, einer Vereinigung von Schriftstellern und Liebhabern des Genres. Hier traf er bekannt gewordene Science-Fiction-Autoren wie Forrest Ackerman, Henry Kuttner und Ray Harryhausen. In der Clubzeitschrift *Imagination* veröffentlichte er seine ersten Texte. Nach Abschluss der High School widmete er sich intensiv der Schriftstellerei. Zunächst verkaufte er seine Produktionen für wenig Geld an Groschenhefte und populäre Unterhaltungsmagazine, aber bereits Mitte der vierziger Jahre schaffte er den Durchbruch zum ernst zu nehmenden Autor anspruchsvoller Literatur. Mit *Dark Carnival* (1947) publizierte er erstmals eine Sammlung von Kurzgeschichten in Buchform. Im gleichen Jahr heiratete er Susan McClure, die er einige Monate zuvor beim Besuch eines Buchladens kennen gelernt hatte. Zwischen 1949 und 1958 wurden die vier Töchter des Ehepaars geboren. Bradbury war zu dieser Zeit bereits ein angesehener Autor und konnte seiner Familie einen gehobenen Lebensstandard bieten. Auch in den folgenden Jahrzehnten blieb ihm der Erfolg treu. Bis ins hohe Alter setzte er seine schriftstellerische Arbeit fort. Noch heute lebt er in Los Angeles und verbringt trotz nachlassender Gesundheit täglich mehrere Stunden am Schreibtisch.

Als Bradburys fruchtbarste Schaffensperiode gilt die Zeit nach dem Zweiten Weltkrieg. Anfang der fünfziger Jahre erschienen kurz nacheinander drei Romane, die seinen Ruf als bedeutender Science-Fiction- und Fantasy-Autor begründeten: *The Martian Chronicles* (1950), *The Illustrated Man* (1951) und *Fahrenheit 451* (1953). In der Folgezeit entstanden die so genannten autobiografischen Fantasien, in denen Kindheits- und Jugenderinnerungen verarbeitet werden. *Dandelion Wine* (1957) und *Something Wicked This Way Comes* (1962) spielen in Green

Town, der fiktionalen Nachbildung von Waukegan. Die dritte Phase des Romanschaffens beginnt erst in den achtziger Jahren mit *Death is a Lonely Business* (1985) und umfasst ferner *A Graveyard for Lunatics* (1990) sowie *Green Shadows, White Whale* (1992). Es sind semi-autobiografische Romane, die auf Erlebnissen Bradburys als Drehbuchautor für verschiedene Hollywood-Produzenten basieren. Von den in letzter Zeit erschienenen Titeln ist besonders *From the Dust Returned* (2001) erwähnenswert, eine Sammlung von teilweise schon in den vierziger Jahren entstandenen Geschichten über ein geisterhaftes Familientreffen.

Bradburys bevorzugte literarische Form ist die Short Story. Seine Bücher werden zwar meist als Romane bezeichnet, bestehen aber mit wenigen Ausnahmen, darunter *Fahrenheit 451,* aus Kurzgeschichten, die allerdings oft durch einen thematischen oder formalen Rahmen mehr oder weniger eng miteinander verbunden sind. Darüber hinaus schrieb er zahlreiche Theaterstücke, mehrere Gedichtbände, Essays, Kinderbücher und Skripte für Radio und Fernsehen. Neben dem Theater galt seine besondere Liebe von jeher dem Film. Für den Regisseur John Huston bearbeitete er Herman Melvilles klassischen Roman *Moby Dick* als Drehbuch. Dazu ließ Huston den Autor und dessen Familie nach Irland kommen. Der halbjährige Aufenthalt (1953/54) lieferte den Stoff zu *Green Shadows, White Whale.* Auch zu Verfilmungen und Fernsehbearbeitungen eigener Werke hat Bradbury die Texte geschrieben. Unter dem Titel *Ray Bradbury Theater* widmete ihm das amerikanische Fernsehen von 1985 bis 1992 eine eigene Serie.

Bei aller Vielfalt zeichnen sich Bradburys Erzähltexte durch eine gewisse formale Einheitlichkeit aus. Diese beruht vor allem auf dem von ihm entwickelten eigentümlichen Stil. Etwa um das Jahr 1946 fand er unter dem Einfluss des Buches *Becoming A Writer* von Dorothea Brande zu dem, was die Kritik seine unverwechselbare poetische Stimme *(distinctive poetic voice)* genannt hat. Von Brande übernimmt er eine Technik der freien Assoziation, die ihm Zugang zum eigenen Unterbewusstsein verschafft. Nach Brandes Theorie bildet das Unterbewusstsein im Laufe der Zeit ein Repertoire imaginativer Inhalte aus, wenn es durch entsprechende Lektüre angeregt und bereichert wird. Für Bradbury, der stets ein unermüdlicher Leser war, sind neben vielen anderen Poe, Hawthorne, Melville, Shakespeare, Wilde und Shaw zu solchen Anregern geworden. Wichtigstes Ergebnis dieses freien Spiels der Assoziationen und zugleich kennzeichnendes Element seines Stils sind so genannte *asides,* lyrische Einschübe voller Metaphorik und Symbolik, in denen zentrale Themen und Motive verarbeitet und durch sinnlich erfahrbare Details mit Leben erfüllt werden. Die Wirkung auf den Leser gleicht einer Art Verzauberung, ähnlich der eines geschickten Magiers. Auf diese Weise gelingt es mühelos, die unglaublichsten Ereignisse vollkommen überzeugend darzustellen. Als Ratgeber für angehende Schriftsteller hat Bradbury seine Erfahrungen zur Kunst des Schreibens in der Essaysammlung *Zen in the Art of Writing: Releasing the Creative Genius within You* (1990) zusammengefasst.

Auch inhaltlich weist Bradburys erzählerisches Gesamtwerk eine gewisse Geschlossenheit auf. Den Kernbereich seines Schaffens bildet eine Welt der Fantastik, der Magie, des Grauens, der Spannung und des grotesken Humors. Zu den bevorzugten Themen der frühen Epoche gehört die Auseinandersetzung mit Risiken und Chancen des technischen Fortschritts. Besonders in den fünfziger Jahren sind Bradburys Beschreibungen der Zukunft pessimistisch. Hier schließt er sich an die großen anti-utopischen Romane von Aldous Huxley *(Brave New World)* und George Orwell *(1984)* an. Er warnt vor den Folgen maßlosen Konsums und oberflächlicher Unterhaltung, vor dem Verlust menschlicher Nähe und echter Gefühle und weist auf die Gefahren kultureller Verflachung durch materialistisches Denken und Handeln hin.

Auch *Fahrenheit 451* ist von solchen Befürchtungen geprägt. Man findet einzelne Motive des Romans schon in früheren Kurzgeschichten. In *The Pedestrian* wird ein Mann verhaftet, weil er allein einen Abendspaziergang macht, statt vor dem Fernsehapparat zu sitzen. In *Usher II* taucht das Motiv der Bücherverbrennung auf. In *The Veldt* geht es um die Zerstörung menschlicher Beziehungen durch die von einer virtuellen Medienrealität ausgehende Faszination. Die Grundidee des Romans findet sich erstmals in der Short Story *The Phoenix* aus dem Jahre 1947. Das Symbol des im Feuer sterbenden und aus der Asche wieder auferstehenden mythischen Vogels steht hier für den Selbstbehauptungswillen von Menschen, die, durch eine repressive Staatsmacht zur Bücherverbrennung gezwungen, den Inhalt der verbotenen Schriften auswendig lernen. Bradbury hat diesen Einfall dann 1951 zu einer neuen Version unter dem Titel *The Fireman* umgestaltet und in den folgenden Jahren zu *Fahrenheit 451* in der jetzt vorliegenden Form erweitert. Eine Bühnenfassung entstand 1955, als Bradbury das Werk auf Wunsch des Regisseurs Paul Gregory für ein Broadwaytheater umarbeitete. Gregory war mit dem Ergebnis nicht zufrieden und so wurde das Stück nie aufgeführt. Dies mag auch der Grund gewesen sein, warum der Autor die Bitte des französischen Regisseurs François Truffaut ablehnte, das Drehbuch für eine Verfilmung zu schreiben. Daraufhin verfasste Truffaut das Skript selbst und nahm dabei einige wesentliche Änderungen vor. Er gab den Ereignissen einen europäischen Kontext und eine zeitgeschichtliche Färbung. Bradbury war von dem 1966 fertig gestellten Film dennoch begeistert und sprach von einer Erfahrung, die sein Leben bereichert habe.

Neben *The Martian Chronicles* und *The Illustrated Man* ist es vor allem *Fahrenheit 451* zu verdanken, dass Bradbury heute als bedeutender und origineller Schriftsteller allgemein anerkannt wird. Es gilt als sein Verdienst, das Science-Fiction- und Fantasy-Genre durch die Entwicklung eines literarischen Stils zu einer Gattung gemacht zu haben, die in der Lage ist, relevante Aussagen über die Ambivalenz des technischen, kulturellen und sozialen Wandels in den USA und anderswo in sich aufzunehmen.

Inhaltsangabe

Part I: It was a Pleasure to Burn[1] (Seite 5 bis 90)

Der dreißigjährige Guy Montag ist als Feuerwehrmann[2] in der Einsatzzentrale einer nordamerikanischen Stadt der Zukunft beschäftigt. Seine Arbeit besteht im Aufspüren und Verbrennen verbotener Bücherbestände. Besitz und Lektüre von Literatur gelten nämlich als staatsgefährdend und werden streng bestraft. Montag liebt seinen Beruf. Wenn er den dicken Kerosinschlauch auf die Bücherstapel richtet, das Feuerzeug anknipst und beobachtet, wie ein ganzes Haus in Flammen aufgeht, zeigt sich ein grimmiges Lächeln auf seinem Gesicht, das ihn auch nachts im Schlaf nicht verlässt.

Auf dem Heimweg trifft er in der Nähe seines Hauses auf ein junges Mädchen aus der Nachbarschaft. Die siebzehnjährige Clarisse McClellan interessiert sich für seine Arbeit. Offenbar hat sie keine Angst vor ihm und den Hoheitsabzeichen auf seiner Uniform. Im Verlauf der Unterhaltung stellt Montag fest, dass Clarisse und ihre Angehörigen sehr ungewöhnliche Menschen sind. Ihr Onkel, den sie sehr verehrt, war einer der letzten Fußgänger und musste dafür mehrere Jahre ins Gefängnis. Die McClellans haben kein Fernsehen und führen oft lange Gespräche. Clarisse geht gern nachts spazieren. Sie liebt den Duft von Blättern und Blüten und betrachtet die Sonnenaufgänge. Als sie sich von Montag verabschiedet, fragt sie ihn, ob er glücklich sei. Noch während er sein Haus betritt, denkt er über die Begegnung nach. Sie erinnert ihn an ein Gespräch, das er vor einem Jahr mit einem alten Mann auf einer Parkbank geführt hat.

Im abgedunkelten Schlafzimmer findet er seine Frau Mildred bewusstlos auf dem Bett liegend vor. Der Raum ist kalt und wirkt wie eine Grabkammer. Neben dem Bett liegt ein leeres Tablettenfläschchen. Montag ruft eine Unfallstation an. Kurz darauf erscheinen zwei Männer in braunen Overalls mit einer Spezialapparatur. Während der eine der Frau den Magen leer pumpt, tauscht der andere das Blut aus. Nach einer halben Stunde sind sie fertig, kassieren fünfzig Dollar und begeben sich zum nächsten Selbstmordfall. Montag bleibt mit der sich langsam erholenden Mildred zurück. Er versucht zu begreifen, was geschehen ist. Dann geht er in den Garten und hinüber zum Haus der McClellans. Eine Weile steht er davor und lauscht dem Gespräch.

Am nächsten Morgen trifft er seine Frau beim Frühstück in der Küche. Sie fühlt sich unwohl, glaubt aber, dies seien die Nachwirkungen eines ausgiebigen Festes. Später versucht er, mit ihr über das Vorgefallene zu reden. Sie bestreitet entschieden, die Pillen aus dem Fläschchen geschluckt zu haben, und kann sich offensichtlich auch nicht daran erinnern. Ihr Interesse gilt einer Seifenoper, die in wenigen Minuten im Wand-an-Wand-Fernsehen gesendet wird, und in der sie an dafür vorgesehenen Stellen ein paar Sätze sprechen darf. Obwohl sie keine Ahnung hat, wovon das Stück handelt, ist sie von ihrer Rolle begeistert.

Zwischen Montag und Clarisse kommt es zu einer zweiten Begegnung, als er sich wieder auf den Weg zur Zentrale macht.

Diesmal genießt sie es, im Regen spazieren zu gehen und den Geschmack der Tropfen auf den Lippen zu spüren. In der Hand hält sie eine Löwenzahnblüte. Sie zeigt ihm, wie man damit feststellen kann, ob man verliebt ist. Im Verlauf des Gesprächs berichtet sie von ihrer Behandlung bei einem Psychiater. Man will herausfinden, was sie denkt und womit sie sich beschäftigt, aber sie versteht es geschickt, ihr Innenleben dem Zugriff der Behörden zu entziehen. Montag scheint ihr zu gefallen. Sie spürt, dass er anders ist als die meisten Menschen. Dass er bei der Feuerwehr sei, passe nicht zu ihm, meint sie. Diese Bemerkung löst in Montag zwiespältige Gefühle aus. Nachdem sie ihn verlassen hat, steht er noch eine Weile nachdenklich im Regen.

In der Einsatzzentrale hat Montag ein unangenehmes Erlebnis mit dem Mechanischen Hund. Diese hochentwickelte Verfolgungsmaschine ist in der Lage, jedes Opfer, auf das sie programmiert wird, aufzuspüren und durch eine Injektion zu töten. Jetzt stellt Montag fest, dass der Hund auf seine Annäherung aggressiv reagiert. Montag vermutet, jemand könne ihn auf seine individuellen Daten eingestellt haben. Dabei denkt er an ein Versteck im Flur seines Hauses, von dem allerdings außer ihm selbst niemand etwas wissen kann. Hauptmann Beatty, sein Vorgesetzter, scheint aber zu ahnen, dass mit Montag etwas nicht stimmt, denn er fragt ihn, ob er ein schlechtes Gewissen habe.

An den folgenden Tagen treffen Montag und das Mädchen wiederholt zusammen. Clarisse erzählt ihm von ihren Problemen. In der Schule gilt sie als Außenseiterin. Den Unterricht findet sie oberflächlich, die Fächer erscheinen ihr belanglos. Auch die Freizeitangebote des Vergnügungsparks stoßen sie ab, ebenso die Gewalttätigkeit und die Autoraserei der meisten Jugendlichen. Sie zieht es vor, allein umherzustreifen und Menschen zu beobachten. Dabei stellt sie fest, dass die Leute sich nichts mehr zu sagen haben. Alle reden ständig dasselbe und die meisten sprechen von Dingen, die ihr nichts bedeuten, wie Autos, Kleidung, Schwimmbädern oder Partys.

Ein paar Tage später bleibt Clarisse plötzlich fort. Montag empfindet eine schmerzliche Leere und fürchtet, es könne ihr etwas zugestoßen sein. Den Arbeitskollegen in der Feuerwache fällt auf, dass er beim Kartenspiel unkonzentriert ist. Durch seltsame Bemerkungen erregt er den Argwohn seines Vorgesetzten. So wiederholt er eine Frage, die ihm Clarisse gestellt hatte, ob die Feuerwehr in früheren Zeiten nicht Brände bekämpft habe, statt sie zu legen.

Die Alarmglocke ertönt und die Mannschaft rückt mit dem Einsatzwagen aus. Das Ziel ist ein heruntergekommenes Haus in der Innenstadt. Im Flur treffen sie auf eine alte Frau. Sie steht wie betäubt da und rührt sich nicht von der Stelle. Im Obergeschoss findet sich eine große Ansammlung von Büchern, die auf den Boden geworfen und mit Kerosin eingesprüht werden. Im allgemeinen Durcheinander steckt Montag unbemerkt eines davon ein. Er versucht dann vergeblich, die Frau zum Verlassen des Hauses zu bewegen. Noch ehe Beatty das Kerosin anzünden kann, steckt sie mit einem Streichholz das Haus und sich selbst in Brand. Die Feuerwehrleute können sich gerade noch in Sicherheit bringen, bevor sie inmitten ihrer Bücher in Flammen aufgeht.

Zu Hause versteckt Montag das entwendete Buch unter seinem Kopfkissen im Schlafzimmer. Er macht noch einmal den Versuch, mit seiner Frau zu reden, obwohl er weiß, dass sie ihn nicht versteht. Ihre Welt ist die Seifenoper auf den Fernsehwänden des Wohnzimmers. Als Montag Clarisse erwähnt, erfährt er von Mildred, dass die Familie verschwunden und das Mädchen vermutlich von einem Auto überfahren und getötet worden ist. In der Nacht spürt er, wie der Mechanische Hund vor dem Fenster auf ihn lauert.

Am nächsten Morgen hat Montag Fieber. Er bittet seine Frau, Beatty anzurufen, und spricht davon, seinen Beruf aufzugeben, als sein Vorgesetzter plötzlich persönlich erscheint. Offenbar weiß er, was in Montag vorgeht, und ist gekommen, um ihm Sinn und Wichtigkeit der Feuerwehr zu erklären. Alles habe mit den Massenmedien angefangen, sagt er. Das Tempo der Entwicklung habe sich immer mehr beschleunigt, bis Kultur und selbstständiges Denken auf kleinste Reste zusammengeschrumpft seien. Soziale und bildungsmäßige Unterschiede hätten zum Wohl des Ganzen eingeebnet werden müssen. Jetzt habe keiner dem anderen etwas voraus; jeder sei zufrieden. In einer solchen Gesellschaft sei der Besitz von Büchern so gefährlich wie der Besitz von Waffen. Bücher enthielten verwirrende Widersprüche, regten zu überflüssigem Nachdenken an und machten die Menschen unglücklich. Was das Volk brauche, sei Ablenkung, zum Beispiel durch Shows, Spiele, Drogen und Sex. Leute wie die McClellans stünden dem Wohl der Allgemeinheit im Wege und die Aufgabe der Feuerwehr sei es, sie auszuschalten. Während dieser Rede hat Mildred das versteckte Buch entdeckt und ist im Begriff, ihren Mann zu verraten. Beatty erklärt, dass jeder Feuerwehrmann einmal in Versuchung komme, ein Buch zu lesen. Das sei ganz natürlich und werde auch nicht bestraft, sofern der Betroffene es noch am selben Tag verbrenne. Er ermahnt

Montag, bald wieder zum Dienst zu erscheinen, und verlässt das Haus.

Montag ist gereizt und verunsichert. Er will seinen Beruf aufgeben, weiß aber nicht, wie es weitergehen soll. Für ihn steht lediglich fest, dass er seinem Leben eine völlig neue Richtung geben muss. Er wagt es, Mildred in sein Geheimnis einzuweihen, und holt etwa zwanzig Bücher aus dem Versteck hinter der Lüftungsklappe im Flur hervor. Seine Frau gerät in Panik und möchte die Bücher sofort verbrennen. Da ertönt die Stimme des Türmelders. Wahrscheinlich ist Beatty noch einmal zurückgekommen. Während Montag am Boden sitzt und zu lesen beginnt, steht jemand draußen und wartet. Nach einer Weile hört man Schritte, die sich entfernen.

Part II: The Sieve and the Sand (Seite 91 bis 143)

Montag kauert inmitten der Bücher. Manchmal liest er seiner Frau Stellen daraus vor. Mildred protestiert gegen sein Verhalten. Sie findet Bücher sinnlos und hat Angst vor den Folgen einer Entdeckung. Außerdem vermisst sie ihre gewohnte Fernsehunterhaltung. Zwischendurch hört man den Mechanischen Hund an der Haustür schnüffeln und Kampfflugzeuge über die Dächer hinwegrasen. Dennoch fährt Montag unbeirrt mit seiner Lektüre fort.

Allerdings muss er feststellen, dass er vieles nicht versteht. Er erinnert sich an den alten Mann, den er im Park getroffen hatte, einen längst überflüssig gewordenen Literaturprofessor namens Faber. Jetzt sucht er die Telefonnummer heraus und ruft ihn an. Als Faber hört, dass Montag mit ihm über Bücher reden möchte, fürchtet er, in eine Falle gelockt zu werden, und legt auf. Montag beschließt, sich auf den Weg zu Faber zu machen.

Während der Fahrt mit der Untergrundbahn versucht er, das aus dem Haus der alten Frau entwendete Buch zu lesen und so viel als möglich davon zu behalten. Es ist ein Exemplar der Bibel und Montag hat eine Stelle aus dem Neuen Testament aufgeschlagen. Verzweifelt bemüht er sich, den Text auswendig zu lernen. Dabei wird er von einer aus dem Lautsprecher dröhnenden Zahnpasta-Reklame immer wieder abgelenkt. Er fühlt sich an ein Kindheitserlebnis erinnert, als er sich vergeblich mit dem Auftrag abgequält hatte, ein Sieb mit Sand zu füllen. Natürlich werden die anderen Fahrgäste auf ihn aufmerksam. Er kann jedoch gerade noch rechtzeitig sein Ziel erreichen, bevor sie den Schaffner rufen.

Faber zeigt sich anfangs misstrauisch. Erst als er sieht, dass Montag ein Buch mitgebracht hat, verliert er seine Angst und beginnt zu reden. Er erklärt seinem Besucher, dass mit dem Verlust der Bücher drei wertvolle Fähigkeiten abhanden gekommen seien: komplexe Aussagen zu verstehen, darüber nachzudenken und entsprechend zu handeln. Nun beginnen die beiden, Pläne zu machen. Montag schlägt vor, eine Druckerpresse zu besorgen. Man könnte damit Bücher herstellen, sie in die Häuser von Feuerwehrleuten schmuggeln und Alarm auslösen. Die Feuerwehr würde dann ihre eigenen Leute verhaften und sich auf diese Weise selbst zerstören. Faber weist darauf hin, dass das eigentliche Problem nicht die Feuerwehr sei, sondern die Menschen selbst. Sie hätten von sich aus aufgehört, anspruchsvolle Bücher zu lesen. Außerdem befinde sich das Land mitten in einem mörderischen Atomkrieg, der die spärlichen Überreste kulturellen Lebens ohnehin vernichten werde. Mit einem Akt der Verzweiflung will Montag Faber zum Handeln zwingen, indem er beginnt, Seite um Seite aus der Bibel herauszureißen. Faber springt auf und fleht ihn an aufzuhören. Er erklärt sich bereit, einen ihm von früher bekannten Drucker mit der Vervielfältigung etlicher Bücher zu beauftragen. Als er sieht, dass Montag entschlossen ist, allen Gefahren zu trotzen, zeigt er ihm einen winzigen Sender, den Montag im Ohr tragen soll, wenn er Beatty gegenübertritt.

Faber will damit die bevorstehende Konfrontation mit dem Feuerwehrhauptmann verfolgen und Montag zur Seite stehen.

Auf dem nächtlichen Heimweg hat Montag den Eindruck, dass der Krieg immer näher rückt. Nach dem Abendessen kommen Mrs Phelps und Mrs Bowles, zwei Freundinnen seiner Frau, zu Besuch. Man sitzt vor den Fernsehwänden, bis Montag die Anlage abschaltet. Er kann das seichte Unterhaltungsprogramm nicht mehr ertragen. Stattdessen fragt er die Frauen nach ihrer Meinung über den Krieg und fordert sie zu einem Gespräch auf. Ihre kindischen Äußerungen machen ihn so wütend, dass er alle Vorsicht vergisst und ein Buch herbeiholt, um daraus vorzulesen. Auch als Faber ihn über den Minisender warnt, lässt sich Montag nicht davon abbringen, ein Gedicht zu zitieren. Die Wirkung ist außerordentlich. Mrs Phelps bricht in Tränen aus und Mrs Bowles macht ihm heftige Vorwürfe. Mildred möchte die Freundinnen beruhigen, aber Montag schreit die beiden an und wirft sie hinaus. Zuvor hat er den Gedichtband vor den Augen der Frauen verbrannt. Er versteckt die noch übrigen Bücher im Garten und macht sich auf den Weg zur Arbeit.

Während der Fahrt spricht ihm Faber für die Begegnung mit seinem Vorgesetzten Mut zu. Beatty hat ihn bereits erwartet. Er streckt wortlos die Hand aus, um das Buch entgegenzunehmen, das Montag an Stelle der Bibel mitgebracht hat, und wirft es in den Mülleimer. Dann lädt er ihn zum Kartenspiel mit den anderen ein. Während des Spiels gelingt es ihm, Montag durch literarische Zitate zu verwirren. Faber versucht, seinem Schützling zu helfen, indem er ihm Warnungen ins Ohr flüstert, aber Montag verrät sich durch seine Nervosität. In diesem Moment ertönt die Alarmglocke. Beatty nimmt die Adresse des Einsatzortes aus dem Fernschreiber und steckt sie in die Tasche, ohne etwas zu sagen. Das Kartenspiel wird unterbrochen, die Mannschaft stürzt zum nach dem Feuerwehrsymbol benannten Salamanderwagen und rast los. Diesmal sitzt Beatty selbst am Steuer. Nach halsbrecherischer Fahrt halten sie plötzlich an. Als Montag den Kopf hebt und den Blick auf das Zielobjekt richtet, sieht er, dass sie vor seinem eigenen Haus halten.

Part III: Burning Bright (Seite 144 bis 210)

Wie versteinert beobachtet Montag, was nun geschieht. Entlang der Straße gehen Haustüren auf und Menschen treten heraus, um dem Ereignis zuzusehen. Zunächst erscheint Mildred auf der Eingangstreppe. Sie trägt einen Koffer und läuft auf ein wartendes Taxi zu, wobei sie ihren Mann keines Blickes würdigt. Montag vermutet, dass sie es war, die Anzeige gegen ihn erstattet hat. Ihre letzten Worte gelten der Fernsehfamilie, von der sie sich nun verabschieden muss. Sie steigt in das Taxi und fährt davon.

Beatty drückt Montag den Flammenwerfer in die Hand. Er selbst soll sein Haus und seine Habe verbrennen. Über den Sender hört er, wie Faber ihm zu sofortiger Flucht rät. Montag lässt das Haus, das ein Teil seiner Vergangenheit ist, in Flammen aufgehen. Die alte Lust am Zerstören packt ihn noch einmal und er leistet ganze Arbeit. Verschwitzt und rußverschmiert steht er schließlich inmitten verkohlter Überreste. Während er erschöpft vor sich hin starrt, versetzt ihm Beatty einen heftigen Schlag auf den Kopf. Der Sender mit Fabers Stimme fällt auf den Gehsteig, Beatty hebt ihn auf und hält ihn sich ans Ohr. Er weiß jetzt, dass Montag mit anderen Oppositionellen Kontakt hat. Montag, dem klar ist, in welcher Gefahr sich Faber befindet, richtet den Flammenwerfer auf Beatty. Ein einziger Feuerstoß verwandelt den Hauptmann in ein zischendes Flammenbündel. Da taucht plötzlich der Mechanische Hund auf. Auch ihn trifft ein Feuerstrahl aus Montags Waffe. Bevor er jedoch völlig verbrennt, schafft es der Roboter noch, mit der Injektionsnadel Montags Bein zu treffen. Trotz großer Schmerzen humpelt Montag mit ein paar Büchern aus dem Gartenversteck davon, so schnell es seine Verletzung erlaubt.

Kurz darauf setzt die Verfolgungsjagd ein. Salamanderwagen rasen durch die Stadt, Sirenen heulen, Hubschrauber steigen auf, doch der Gedanke an Faber treibt Montag vorwärts. Über einen Radiosender kann er hören, wie die Bevölkerung zur Mithilfe bei der Fahndung nach ihm aufgefordert wird. Nach einiger Zeit erreicht er eine an einer breiten Ausfallstraße gelegene Tankstelle. Hier säubert er sich im Waschraum. Nebenbei erfährt er, dass die Regierung soeben den Kriegszustand ausgerufen hat. Bei dem Versuch, die zehnspurige Autostrasse zu überqueren, wird er von den Scheinwerfern eines sich mit hoher Geschwindigkeit nähernden Fahrzeugs erfasst. Er stürzt zu Boden; die Reifen verfehlen ihn nur um Haaresbreite. Zunächst glaubt er, es habe sich um einen Polizeiwagen gehandelt, als aber das Auto kurz darauf wendet und wieder zurückkommt, sieht er, dass die Insassen Jugendliche sind, die zu ihrem Vergnügen Jagd auf Fußgänger machen.

Auf dem Weg zu Faber kommt er am Haus seines Arbeitskollegen Black vorbei. Er schleicht sich unbemerkt durch die Hintertür hinein und versteckt einige Bücher in der Küche. Anschließend erstattet er von einer Telefonzelle aus Anzeige und wartet in der Nähe, bis er die Sirene eines Feuerwehrautos hört. Er erreicht Fabers Haus und berichtet, was sich ereignet hat. Faber rät ihm, in Richtung des Flusses zu fliehen und dann den Bahngleisen zu folgen. Er werde dort auf gleichgesinnte Menschen stoßen, die als Landstreicher umherzögen. Bevor sie sich voneinander verabschieden, werfen die beiden noch einen Blick auf Fabers Fernsehschirm. Man sieht dort die Direktübertragung von Montags Verfolgung. Gerade wird ein neuer Mechanischer Hund auf die Fährte des Flüchtigen angesetzt. Einen Augenblick lang stellt sich Montag vor, wie seine Hinrichtung im Fernsehen gesendet wird. Er erklärt Faber, was zu tun sei, um alle Geruchsspuren zu tilgen und den Hund auf eine falsche Fährte zu locken. Dann trennen sie sich. Montag will seine Flucht fortsetzen und

Faber plant, nach St. Louis zu gehen, um dort den Buchdrucker aufzusuchen.

Als der Mechanische Hund Fabers Haus findet, ist Montag schon auf dem Weg zum Fluss. Im Radio werden alle Bewohner der Stadt aufgefordert, auf ein gemeinsames Kommando ihre Häuser zu verlassen und draußen nach ihm Ausschau zu halten. Der Countdown läuft an, während der Gesuchte durch die Vorstadtstraßen hetzt. Gerade noch rechtzeitig erreicht er den Fluss und wird von der Strömung fortgetragen. Nach einigen Stunden liegt die Stadt weiter hinter ihm. In einer ländlichen Gegend wird er an Land geschwemmt. Ringsumher herrscht eine friedliche Abendstille. Allmählich erholt er sich von den Anstrengungen der Flucht. Erinnerungen an seine Kindheit tauchen auf und mischen sich mit Gedanken an Clarisse und Mildred. Langsam tastet er sich durch den dunklen Wald. Schließlich stößt er auf die rostigen Bahngleise, von denen Faber gesprochen hatte, und setzt seinen Weg auf den Schienen fort.

Etwa eine halbe Stunde später trifft er auf eine kleine Menschengruppe, die sich am wärmenden Lagerfeuer versammelt hat. Zum ersten Mal kommt ihm der Gedanke, dass Feuer nicht nur zerstören, sondern auch Leben erhalten kann. Die fünf älteren Männer wissen bereits, wer er ist, und nehmen ihn, ohne weiter zu fragen, freundlich in ihrer Mitte auf. Auf einem tragbaren Fernsehempfänger verfolgt man gemeinsam, wie die Jagd auf

Montag fortgesetzt wird. Da die Polizei seine Spur verloren hat, ist einfach ein ahnungsloser Spaziergänger als Zielscheibe ausgewählt worden. Das unglückliche Opfer wird in die Enge getrieben und am Ende einer dunklen Gasse von dem Mechanischen Hund getötet. Die Inszenierung ist so perfekt, dass die Zuschauer glauben müssen, es habe sich um die Hinrichtung des Staatsfeindes Montag gehandelt.

Granger, der Anführer der Gruppe, macht den Neuankömmling mit den anderen bekannt. Es sind Professoren und Intellektuelle, die ihre Stellungen verloren und ihr bürgerliches Leben hinter sich gelassen haben. Ihre Bibliotheken sind verbrannt, aber dank einer von einem Gedächtnisforscher entwickelten Methode besitzen sie die Fähigkeit, einmal gelesene Texte dauerhaft behalten zu können. So sind sie zu lebenden Büchern geworden, zu Platons *Staat*, Swifts *Gullivers Reisen*, zu Einstein, Schopenhauer oder Albert Schweitzer. Sie setzen ihre Hoffnung auf die Zeit nach dem Krieg, wenn die Bevölkerung sich vielleicht wieder für Bücher interessieren wird. Dann wollen sie den Menschen die großen Werke der Literatur in neuen Ausgaben zugänglich machen.

Im Morgengrauen zieht die kleine Schar weiter den Fluss entlang. In der Ferne sieht man den Lichterschein über der Großstadt. Montag denkt an Mildred und alles, was hinter ihm liegt. Granger spricht ihm Mut zu. Worauf es ankomme sei, sich den Anforderungen des Augenblicks gewachsen zu zeigen. Sicherheit und Beständigkeit vom Leben zu verlangen heiße, sich der Verantwortung für die Zukunft zu entziehen. Seine Rede wird durch einen plötzlichen Bombenangriff auf die Stadt unterbrochen. Die Druckwelle erfasst die Männer und wirft sie zu Boden. Einen Moment lang hebt Montag den Kopf und sieht die zerstörte Stadt in der Luft schweben, bevor sie in sich zusammenfällt.

Allmählich legt sich der Sturmwind. Staubwolken sinken zur Erde herab. Montag empfindet in diesen Minuten, wie sich sein

Leben neu ordnet. Langsam erheben sich die Männer. Granger begibt sich zum Flussufer und schaut stromaufwärts. Die Stadt ist verschwunden. Was noch übrig ist, sieht aus wie ein Haufen Backpulver. Bei Sonnenaufgang sitzen sie am Feuer und braten ihren Frühstücksspeck. Granger erzählt von dem mythischen Vogel Phönix. Im Schein der aufgehenden Sonne setzt sich die Gruppe in Bewegung. Man hat beschlossen, flussaufwärts zu ziehen. Montag geht voran. Während er überlegt, was in den Köpfen der anderen vorgeht, formen sich in seinem Gedächtnis Bibelworte, die er aussprechen wird, wenn sie die Stadt erreichen.

Textanalyse und Interpretation

1 Personen

Die Zentralfigur des Romans ist **Guy Montag**. Es geht um seine Transformation vom begeisterten Feuerwehrmann zum Mitglied der geheimen Bücherbewegung. Um ihn herum sind die übrigen Personen gruppiert: Clarisse und Faber fördern seine Entwicklung, Mildred und Beatty versuchen, sie zu verhindern. Hinzu kommen Nebenpersonen bzw. Personengruppen, die sich jeweils der einen oder anderen Seite zuordnen lassen.

Personenkonstellation

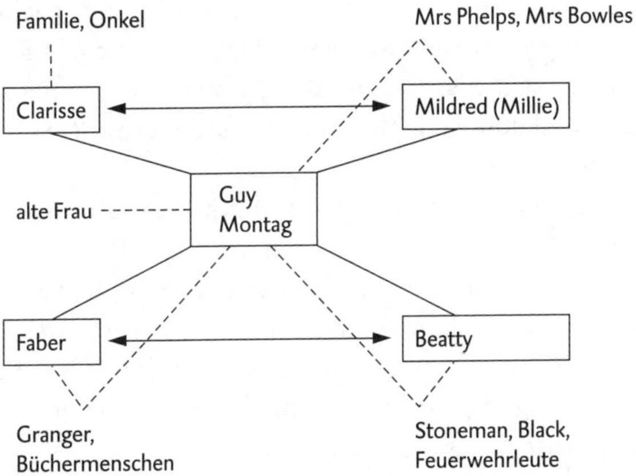

Zu Beginn des 1. Teils wird Montag als vorbildlicher Feuerwehrmann geschildert. Sein schwarzer Helm mit der symbolischen Zahl 451, „the temperature at which book-paper catches fire and burns“ (S. 4), und seine mit Hoheitsabzeichen geschmückte

Uniform weisen ihn als Repräsentanten des Machtapparats aus. Seine Arbeit erfüllt ihn mit tiefer Befriedigung. Er verfügt über das Verbrennungsinstrumentarium wie ein Dirigent über sein Orchester: "his hands were the hands of some amazing conductor playing all the symphonies of blazing and burning [...]" (S. 5). Brennende Bücher haben für ihn einen sinnlichen Reiz, wenn sie wie flügelschlagende Tauben durch die Luft gewirbelt werden.

Neben dem seine Arbeit genießenden Feuerwehrmann gibt es aber noch einen anderen Guy Montag, sein zweites Selbst, „the subconscious idiot that ran babbling at times, quite independent of will, habit, and conscience" (S. 15). Dieser andere verspürt seit der zufälligen Begegnung mit dem Literaturprofessor Faber den Wunsch, Bücher zu besitzen. Ohne es zu wollen, riskiert Montag seine Existenz, indem er aus Gründen, die ihm zunächst nicht voll bewusst sind, verbotenes Schrifttum entwendet und in seinem Haus versteckt. Irgendetwas in ihm rebelliert von Anfang an gegen die staatlichen Sanktionen. "I could feel it for a long time", sagt er später zu Faber, "I was saving something up, I went around doing one thing and feeling another." (S. 167)

Clarisse McClellan stößt den Wandlungsprozess an und wird im weiteren Verlauf zur Leitfigur in Montags Leben. Bei der ersten Begegnung weiß er noch nicht recht, was er von ihr denken soll. Ihr Verhalten und ihre Bemerkungen machen ihn unsicher. Sie konfrontiert ihn mit sich selbst, indem sie ihm die andere Seite seines Wesens zeigt. So findet sie es merkwürdig, dass er für die Feuerwehr arbeitet (S. 33: „it just doesn't seem right for you, somehow"). Seine Reaktion ist ein Gefühl der Zerrissenheit, der inneren Dissonanz seiner beiden Ichs (S. 33). Ihre Frage, ob er glücklich sei, findet er zunächst absurd: "Of course I'm happy. What does she think?" (S. 15) Doch als er wenig später nach Hause kommt, versteht er, was sie gemeint hat, und muss sich eingestehen: "He was not happy. [...] He wore his happiness like a mask and the girl had run off across the lawn with the mask [...]" (S. 17). Er muss erkennen, dass Glück etwas anderes ist als das, was er bisher dafür gehalten hat. Über sein Verhältnis zu Mildred, die er zu lieben glaubt, beginnt er nachzudenken, als Clarisse ihm das Ergebnis des Blumenorakels mitteilt: "You're not in love with anyone." (S. 31) Allmählich kommt ihm die Leere eines Daseins inmitten einer vergnügungssüchtigen Medien- und Konsumgesellschaft zu Bewusstsein. "People don't talk about anything", sagt Clarisse (S. 42) und weist ihn damit auf die Defizite hin, die auch das Zusammenleben mit seiner Frau prägen.

Durch ihr Anderssein eröffnet Clarisse ihm neue Perspektiven. Aufgewachsen in einer Großfamilie, in der man eine längst verloren gegangene Gesprächskultur pflegt, hat sie sich unter dem Einfluss ihres Onkels ein sicheres Urteilsvermögen erworben. Ihre Ansichten über Erziehung, Schule, Freizeitverhalten, Reklame, Autos usw. zeugen von einer für ihr Alter ungewöhnlichen Reife. Sie passt sich nicht einfach an, sondern verlangt Begründungen. "She didn't want to know *how* a thing was done, but *why*", sagt Beatty von ihr (S. 80).

Ein Charakterzug, der Montag besonders auffällt, ist ihre Naturverbundenheit. Sie liebt alles Lebendige: Menschen, Tiere, Pflanzen, Farben und Düfte. In ihren Augen entdeckt Montag ein sanftes Licht: "It was not the hysterical light of electricity but – what? But the strangely comfortable and rare and gently flattering light of the candle." (S. 11) Der sanfte Schein der Kerze, der hier mit der grellen elektrischen Beleuchtung kontrastiert wird, lässt Montag an die natürliche Geborgenheit denken, die er als Kind empfunden hat. Er erinnert sich

an einen Augenblick, als seine Mutter während eines Stromausfalls eine der letzten Kerzen entzündete:

> *[...] there had been a brief hour of rediscovery, of such illumination that space lost its vast dimensions and drew comfortably around them, and they, mother and son, alone, transformed, hoping that the power might not come on too soon. (S. 11)*

Die Begegnung mit Clarisse weckt in ihm die Sehnsucht nach vertrauensvoller menschlicher Nähe und natürlichen Lebensverhältnissen inmitten einer künstlich geschaffenen, menschenfeindlichen Umwelt. Ihr Einfluss auf ihn wirkt auch nach ihrem Tod weiter. Auf der Flucht zu den Büchermenschen sieht er sie in einem Wachtraum (siehe Interpretation von Schlüsselstellen, S. 62), und als er etwas später auf die Bahngleise stößt, spürt er die Gewissheit, dass sie ihm auf dem Weg in die Wildnis vorangegangen ist:

> *He walked on the track. And he was surprised to learn how certain he suddenly was of a single fact he could not prove. Once, long ago, Clarisse had walked here, where he was walking now. (S. 184)*

Mildred, Montags Ehefrau, ist als Kontrastfigur zu Clarisse konzipiert. Im Gegensatz zu der hellen, lebendigen Welt des jungen Mädchens herrscht in Mildreds Schlafzimmer Dunkelheit und Totenstille.

> *It was like coming into the cold marbled room of a mausoleum after the moon had set. Complete darkness, not a hint of the silver world outside, the windows tightly shut, the chamber a tomb-world where no sound from the great city could penetrate. (S. 17)*

In diese sterile, lebensfeindliche Umgebung dringt kein Luftzug, kein Mondlicht und kein Pflanzenduft. Mildreds leblos auf dem Bett ausgestreckter Körper gleicht einer Marmorstatue auf einem Sarkophag. Im Schein von Montags Feuerzeug sehen ihre Augen aus wie „two pale moonstones buried in a creek of clear water over which the life of the world ran, not touching them." Ihr Gesicht wird mit einer schneebedeckten Insel verglichen, „upon which rain might fall, but it felt no rain; over which clouds might pass their moving shadows, but she felt no shadow." (S. 19) Dieser todesähnliche Zustand der Erstarrung weist darauf hin, wie weit sie sich von der Welt der sichtbaren und fühlbaren Dinge entfernt hat.

Mildreds Leben spielt sich in einer künstlichen Scheinwelt ab. Statt einer realen Familie besitzt sie die Fernsehverwandten der Seifenopern, mit denen sie sinnlose Redewendungen wechseln darf. Zwischen ihr und Montag kommt es niemals zu einem wirklichen Gedankenaustausch. Er hat das Gefühl, durch eine Glaswand von seiner Frau getrennt zu sein und sich nur pantomimisch mit ihr verständigen zu können. Äußerlich den puppenhaften Produkten der Schönheitsindustrie ähnlich, ist sie immer auf der Suche nach neuen Konsumartikeln und Zerstreuungsmöglichkeiten. Nur durch ständige Ablenkung, und sei es durch zielloses Herumrasen mit dem Auto, kann sie das Dasein ertragen. Ohne Beruhigungstabletten und ihre Radiomuscheln in den Ohren findet sie keinen Schlaf.

Ihre Versuche, sich das Leben zu nehmen, sind Ausdruck eines Gefühls der Leere, das sie sich nicht eingestehen kann. Montag empfindet Mitleid mit ihr und möchte ihr helfen. Wiederholt versucht er, Zugang zu ihrem verschütteten Inneren zu finden, aber ihre Selbsttäuschung ist bereits zu weit fortgeschritten. Sie kann die Realitätsferne ihrer Erlebnis- und Denkwelt nicht mehr erkennen. Das Verhältnis zu ihrem Man ist von Gleichgültigkeit und Ablehnung bestimmt. Auf den Versuch, ihr eine Alternative zum Fernsehprogramm zu bieten, indem er ihr aus den entwendeten Büchern vorliest, reagiert sie mit Unverständnis. Sie hasst Bücher und lehnt Literatur als unsinnig ab. Ihre Unfähigkeit, sich der staatlich verordneten Auffassung von der Gefährlichkeit des Lesens zu entziehen, führt schließlich dazu, dass sie ihren Mann anzeigt und damit sogar seinen Tod in Kauf nimmt.

Nach der Selbstverbrennung der namenlosen alten Frau (siehe Interpretation von Schlüsselstellen, S. 56 ff.) und Beattys Vortrag über den Sinn der Feuerwehr ist Montag überzeugt, dass die Büchervernichtung der sichtbare Ausdruck der Unterdrückung jeglicher Form unabhängigen Denkens ist. Er erkennt die Bedeutung des Lesens als Akt der Auflehnung. Indem er mit der Lektüre der versteckten Bücher beginnt, signalisiert er seine Rebellion gegen Staat und Gesellschaft (siehe Grafik S. 32).

In **Faber** findet Montag einen Verbündeten. Sein Beruf und seine Biografie versetzen den Literaturprofessor in die Lage, die Gründe für das Verschwinden einer auf Büchern basierenden Kultur zu erklären. Mehr noch, er versteht besser als jeder andere, welche verheerenden Schäden der Verlust kultureller Traditionen angerichtet hat. Er weiß genau, wonach Montag sucht, wenn er sagt: "I want you to teach me to understand what I read." Von ihm lernt Montag, dass es dabei nicht allein um Literatur, sondern um „the meaning of things" geht, wo immer man diese Bedeutung findet, „in old phonograph records, old motion pictures, and in old friends; [...] in nature and [...] in yourself." (S. 105)

Ebenso wichtig für Montag ist Fabers selbstlose Hilfsbereitschaft. Es ist seine Stimme in Montags Ohr, die vorliest, beschwichtigt, rät, warnt und kritisiert. Durch seine Führung fördert er Montags Reifeprozess. Umgekehrt ist Montags Freundschaft für Faber von großer Bedeutung. Anders als Montag fehlt ihm der Mut zum offenen Widerstand. Er selbst bezeichnet sich als Feigling und fühlt sich schuldig, weil er nichts unternommen hat, um die Entwicklung zu einem System der Unterdrückung zu verhindern, als noch die Möglichkeit dazu bestand. Jetzt, wo Widerstand gefährlich geworden ist, hat er sich ins Privatleben zurückgezogen. Seine Opposition beschränkt sich auf Bücherbesitz und die Konstruktion eines Geheimsenders. Erst durch Montags Beispiel wird er zum aktiven Gegner des Staates. Beim letzten Treffen ist er bereit, den Plan zur Zerstörung der Feuerwehr in die Tat umzusetzen.

Montags Gegenspieler ist sein Vorgesetzter **Beatty**, ein Mann von umfassender Bildung. Er setzt sein ganzes Wissen und seine beachtliche rhetorische Begabung ein, um seinen abtrünnigen Untergebenen von der staatstragenden Rolle der Feuerwehr zu überzeugen. Im tiefsten Inneren ist er ein Zyniker, der die Menschen verachtet. Sein brillantes Referat über die Geistesgeschichte der Neuzeit (S. 70 ff.) kann nicht darüber hinwegtäuschen, dass er seinen eigenen Argumenten nicht traut. Die Ironie der Darstellung lässt erkennen, dass er von den Zuständen, die er eigentlich verteidigen will, nicht viel hält. Im Grunde ist seine Analyse nicht sehr weit von derjenigen Fabers entfernt, der von Beatty sogar vermutet: "He could be one of us." (S. 117) An vielen Stellen klingen seine Ausführungen so, als stehe er auf der Seite der Systemgegner. So sagt er etwa über geistige Anforderungen in der Schule:

> *School is shortened, discipline relaxed, philosophies, histories, languages dropped, English and spelling gradually neglected, finally almost completely ignored. Life is immediate, the job counts, pleasure lies all about after work. Why learn anything save pressing buttons, pulling switches, fitting nuts and bolts? (S. 73)*

In solchen Passagen wird Beatty zum Sprachrohr des Autors. Er vermittelt dem Leser Bradburys kritischen Standpunkt.

Beattys Wissensvorsprung ermöglicht es ihm, die Ideologie hinter den Mechanismen des Systems zu durchschauen. Der Unterschied zu Montag und Faber besteht darin, dass er sich nicht wie diese dagegen auflehnt. Er ist der Funktionärstyp, der sich aus Opportunismus und Machtstreben angepasst hat, weil er nicht an die Möglichkeit einer Alternative zu der bedrückenden Situation totaler geistiger Entmündigung glaubt. Für Montags Zweifel empfindet er wahrscheinlich eine gewisse Sympathie, hält aber dessen Widerstand für naiv und zwecklos. Bei dem Gespräch am Krankenbett versucht er, Montag eine Brücke zu bauen, indem er Verständnis für seine Probleme und Nachsicht mit dem Verstoß gegen die Dienstordnung erkennen lässt.

Anders als Montag kennt Beatty keine moralischen Skrupel. Er scheut sich nicht, seine Machtposition rücksichtslos auszunutzen. Obwohl es ihm ein Leichtes gewesen wäre, unternimmt er nichts, um die Selbstverbrennung der alten Frau zu verhindern. Vermutlich ist er für den „Unfall", bei dem Clarisse ums Leben kommt, und die Liquidierung ihrer Familie verantwortlich. Auf dem Höhepunkt der Konfrontation mit Montag zwingt er ihn auf geradezu sadistische Weise, sein eigenes Haus zu verbrennen, bevor er ihn verhaftet. Montag hat keine andere Wahl, als Beatty zu töten, wenn er selbst überleben und Faber retten will. Später vermutet er, Beatty habe seinen eigenen Tod provozieren wollen:

In the middle of the crying Montag knew it for the truth. Beatty had wanted to die. [...] How strange, strange, to want to die so much that you let a man walk around armed and then instead of shutting up and staying alive, you go on yelling at people and making fun of them until you get them mad, and then ... (S. 156)

Letztlich bleibt offen, was Beatty bewogen haben könnte, den Tod zu suchen. Möglich ist, dass er die Rolle, die er in diesem System zu spielen hatte, nicht länger ertragen wollte. Sein Zynismus wäre dann Ausdruck einer Verzweiflung über ein verfehltes Leben und von Mildreds Selbstmordversuchen nicht allzu weit entfernt.

Sein Tod ermöglicht Montag die Flucht aus der Stadt. Nicht zufällig ist es ein Fluss, der den Flüchtenden, wie einst die entlaufenen Negersklaven aus den Südstaaten, aus der Unterdrückung in die Freiheit bringt. Allein inmitten der Wildnis findet er zu sich selbst. Wasser und Land, Himmel und Gestirne lösen neue Gedanken in ihm aus. Der alles zerstörenden Macht des Feuers setzt er ein Bekenntnis zum Bewahren und Erhalten entgegen:

> *Somewhere the saving and putting away had to begin again and someone had to do the saving and keeping, one way or another, in books, in records, in people's heads [...] The world was full of burning of all types and sizes. Now the guild of the asbestos-weaver must open shop very soon. (S. 179)*

Montag ist hier am Wendepunkt seines Lebens angekommen. Er spürt, dass es etwas Dauerhaftes geben muss, ein Gegengewicht zur Vergänglichkeit. Was er sucht, sind Menschen, die wie er das Bleibende in Überlieferung, Geschichte und Kultur erhalten wollen. Dieser Gilde der „asbestos-weavers", der Retter der Welt vor dem Feuer, will er sich anschließen. Er findet sie in **Granger** und seinen Gefährten. Sie machen ihn mit dem einfachen Leben in freier Natur bekannt, wie es die Siedler und Pioniere in der Vergangenheit führten. Das amerikanische Wort *granger,* ein Synonym für *farmer,* erinnert an das so genannte *Granger Movement* des 19. Jahrhunderts, eine Protestbewegung der ländlichen Bevölkerung gegen den Großkapitalismus und die moralische Verkommenheit der städtischen Bevölkerung. Traditionelle Werte wie Gemeinsinn, Kameradschaft und Hilfsbereitschaft prägen den Charakter der Büchermenschen und ihres Anführers. Von

Granger lernt Montag, dass er nicht allein, sondern nur in der Gemeinschaft Gleichgesinnter erfolgreich tätig sein kann. Es geht nicht um sein persönliches Schicksal, sondern um das Wohl der Allgemeinheit.

Am Ende führt Montag den Zug der Büchermenschen auf ihrem ungewissen Weg in die Zukunft an. Aus dem perfekten Feuerwehrmann, der blind einem zerstörerischen System diente, ist ein selbstloser Weiser geworden, bereit und entschlossen zur Verteidigung des Menschlichen in einer unmenschlich gewordenen Welt.

Montags Wandlungsprozess

Begeisterter Feuerwehrmann

↓

Begegnung mit Clarisse. **Verunsicherung**.
Beginn der Veränderung.

↓

Tod der alten Frau. **Betroffenheit**.
Erkennt den Wert der Bücher.

↓

Auseinandersetzungen mit Mildred und Beatty. **Unzufriedenheit**.
Entschließt sich zum Widerstand.

↓

Begegnung mit Faber. **Erkenntnis**.
Findet Verständnis und Hilfe.

↓

Mildreds Verrat. Beattys Tod. Abschied von Faber. **Befreiung**.
Bricht mit seiner Vergangenheit.

↓

Flucht. **Innere Wandlung**.
Auf der Suche nach neuem Lebenssinn.

↓

Aufnahme bei Granger und seinen Freunden. **Zukunftsperspektive**.
Abschluss des Wandlungsprozesses.

2 Form und Erzählstruktur

Fahrenheit 451 stellt eine Mischung dar aus Utopie, Dystopie und Science-Fiction-Elementen. Bradbury knüpft an eine literarische Form an, die eine lange Geschichte hat. *Utopia* ist der Titel des 1516 in lateinischer Sprache erschienenen Hauptwerks von Thomas More (lat. Morus), dem Lordkanzler Heinrichs VIII. von England. In diesem Buch schildert ein fiktiver Reisender ein auf einer bisher unbekannten Insel angeblich existierendes ideales Staatswesen. *Utopia,* ein von More erfundenes griechisch-lateinisches Kunstwort, bedeutet *no place.* Als **Utopie** bezeichnet man seitdem ein literarisches Werk, das eine nur in der Fantasie des Autors vorhandene vollkommene Gesellschaftsordnung beschreibt. Im 20. Jahrhundert kam es zu einer Umkehrung der Perspektive. Statt vorbildlicher Szenarien stellte man nun abschreckende Visionen gesellschaftlicher Verhältnisse dar. So entstand die **Dystopie** *(bad place)*, auch Anti-Utopie genannt. Beide Formen, Utopie ebenso wie Dystopie, verfolgen ein didaktisches Ziel. Sie fordern den Leser zum Vergleich mit seiner eigenen Welt auf und halten ihm so einen Spiegel vor. Dabei fragt die Utopie: Warum ist es nicht so, wie es sein sollte? und die Dystopie warnt: Wenn die Entwicklung so weitergeht, könnte es so kommen, wie hier beschrieben. **Science Fiction** ist ein relativ junges literarisches Genre, das ursprünglich rein unterhaltenden Charakter hatte. Science-Fiction-Erzählungen entwickeln auf naturwissenschaftlich-technischer Grundlage mehr oder weniger fantasievolle Zukunftsdarstellungen.

Die Frage, inwieweit *Fahrenheit 451* als Science Fiction einzustufen ist, hängt davon ab, wie man den Begriff definiert. Folgt man Robert A. Heinlein, einem bekannten Vertreter des Genres, so ist Science Fiction „realistic speculation about possible future events, based solidly on [...] a thorough understanding of the nature and significance of the scientific method."[3]

Nach dieser so genannten *hard version* gehört Bradburys Roman zweifellos nicht zur Science-Fiction-Literatur. Von der von Heinlein geforderten wissenschaftlichen Plausibilität kann in *Fahrenheit 451* nicht die Rede sein. Zwar gibt es Beispiele einer futuristischen Technik wie den Mechanischen Hund, aber sie sind eher das Produkt eines freien Spiels der Fantasie als stringenter Hypothesenbildung. Freilich ist Heinleins Definition viel zu eng, um einem Romantypus gerecht zu werden, der sich seit dem 19. Jahrhundert aus der Verschmelzung von Dystopie und Science Fiction entwickelt hat. Hier geht es nicht allein um die technologische Zukunftsdimension, sondern vor allem um die damit verknüpften politisch-sozialen und kulturellen Fragen. Ein frühes Beispiel ist etwa H. G. Wells' 1895 erschienenes Buch *The Time Machine.*

Ein gemeinsames Merkmal solcher Zukunftsromane ist die **Extrapolation**, d. h. die spekulative Ableitung zukünftiger Entwicklungen aus der Verlaufsrichtung gegenwärtiger Prozesse. *Brave New World, 1984* und *Fahrenheit 451* beruhen auf diesem Prinzip. So ist in Bradburys Roman die Bücherverbrennung das in der Zukunft zu erwartende Ergebnis einer sich heute schon abzeichnenden Tendenz zu oberflächlicher Unterhaltung.

Neben der Extrapolation stellt die Erzählperspektive ein für die Dystopie typisches Strukturelement dar. In der klassischen Utopie war es ein Reisender, der dem Leser seine Eindrücke von der Kultur eines fremden Volkes vermittelte. Durch diese Konstellation konnte der Autor seine Kritik an der eigenen Zivilisation auf indirekte Weise zum Ausdruck bringen. In der Dystopie entstand aus dem Reisenden die Figur des Außenseiters. In *Fahrenheit 451* nimmt Montag diese Rolle ein. Aus seiner Sicht wird der Konflikt mit der staatlichen Ordnung geschildert. Auch die anderen Personen sind Rollenträger. So lässt Bradbury Beatty die staatliche Ideologie und Faber die kritische Gegenposition vertreten. Mildred ist die Personifizierung der dystopischen gesellschaftlichen Erscheinungsformen und Clarisse repräsentiert die utopische Gegenwelt. Aus der Gegenüberstellung von Dystopie und Utopie ergibt sich die **antithetische Erzählstruktur** (siehe Grafik S. 36). Sie bietet dem Autor die Möglichkeit, die Thematik kontrapunktisch darzustellen und so seiner Aussageintention Nachdruck zu verleihen.

Im Verlauf der Handlung vertieft sich der Gegensatz zwischen Montag und dem System. Dies wird durch die Kontrastierung von Situationen und Personen verdeutlicht. Der erste Teil weist durch die Überschrift *The Hearth and the Salamander* (siehe Anmerkung 1, S. 74) auf das Spannungsverhältnis zwischen dem Privatmann Montag und dem Feuerwehrmann hin. *Hearth* (heimischerHerd) und *Salamander* (das Feuerwehrsymbol) sind stellvertretende Bezeichnungen für die Hauptschauplätze des Kapitels, Montags Wohnung und die Feuerwache. In mehreren Stufen wird der beginnende Konflikt entfaltet. Dabei bilden Clarisse und Mildred sowie die namenlose Bücherfrau und Beatty jeweils ein Gegensatzpaar. Im zweiten Teil steht Montags Suche nach einer neuen Identität im Mittelpunkt. Die Schwierigkeiten, die er zu bewältigen hat, werden durch die im Text (S. 99 f.) erläuterte Überschrift *The Sieve and the Sand* bildlich ausgedrückt. Wiederum folgt die Anordnung der Erzählschritte dem antithetischen Strukturprinzip, diesmal durch Montags Auseinandersetzungen mit Mildred, ihren Freundinnen und Beatty. Dazwischen wird die Begegnung mit Faber eingeschoben. Zu Beginn des dritten Teils führt dann die Konfrontation mit Beatty zum Höhepunkt des Handlungsverlaufs. Auf diese Zuspitzung verweist die Überschrift *Burning Bright*, eine Anspielung auf William Blakes Gedicht *The Tiger*. Die erste Strophe lautet:

Tiger! Tiger! burning bright
In the forests of the night,
What immortal hand or eye
Could frame thy fearful symmetry?[4]

Im Bild des „brennenden“ Tigers stellt Blake die sowohl kreative als auch destruktive Kraft der Natur dar, wie sie im Roman durch Feuer- und Brandsymbole ausgedrückt wird. Feuer kann Leben erhalten und Leben vernichten. Dies sind die beiden Pole des dritten Teils. Die Ereigniskette reicht vom Verbrennen des Hauses und Beattys Vernichtung mit dem Flammenwerfer über den Abschied von Faber und die Flucht aus der Stadt bis zum wärmenden Lagerfeuer Grangers und der Büchermenschen. Die atomare Katastrophe am Schluss steht Montags neu gefundener innerer Sicherheit als äußere Bedrohung gegenüber, kann aber seinen Glauben an die utopische Gegenwelt nicht mehr erschüttern.

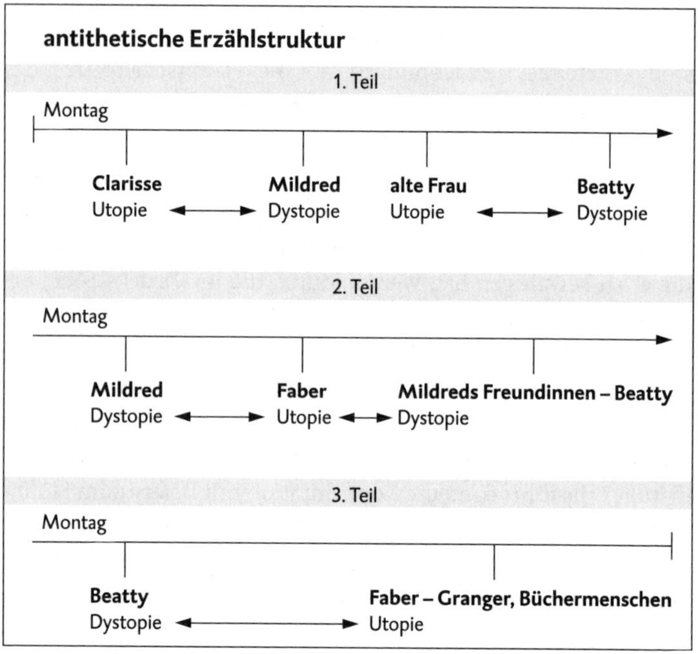

Ein anderes erzählerisches Strukturelement ist der **Zeitablauf**. Welche Zeitspanne die Handlung umfasst, lässt sich nur ungefähr bestimmen. Der 1. Teil beginnt an einem typischen Arbeitstag. Auf dem Heimweg trifft Montag Clarisse zum ersten Mal. Auch der nächste Tag ist noch rekonstruierbar. Vormittags ist Montag mit Mildred zusammen, am späten Nachmittag verlässt er das Haus und begegnet Clarisse zum zweiten Mal. Dann folgt eine Zeitraffung: "One two three four five six seven days. And as many times he came out of the house and Clarisse was there somewhere in the world." (S. 38) Am Ende dieser sieben Tage findet das dritte Gespräch zwischen ihnen statt. Dann heißt es wieder: "Five six seven days. And then, Clarisse was gone." (S. 43) Wir dürfen annehmen, dass die zuletzt geschilderte Begegnung gewissermaßen die in der Erinnerung Montags existierende Zusammenfassung aller in der Zwischenzeit stattgefundenen Gespräche ist. Aber wie viele Tage sind seit Beginn des Romans vergangen? Montag ist sich nicht sicher. Seit er Clarisse kennt, hat die Zeit ihre Konturen verloren. Das plötzliche Verschwinden des Mädchens schreckt ihn auf: "Something was the matter, his routine had been disturbed." (S. 43) Er versucht, die Orientierung wiederzufinden, indem er sich an die Ansage der sprechenden Uhr klammert: "Thursday morning, November 4th, … one thirty-six … one thirty-seven a.m. …" (S. 44) Dies ist der Tag, an dem die alte Frau den Flammentod stirbt. Zu Hause angekommen, fragt er Mildred, wann und wo sie sich kennen gelernt haben. "Only ten years, that's all, only ten!" (S. 57) beschwört er sie fast verzweifelt, als ob er die Zeit zurückholen wollte. Nach einer Weile fragt er nach Clarisse und erfährt von ihrem Tod vor vier Tagen. „Four days ago", wiederholt er mehrfach (S. 62 f.) und scheint zu überlegen, was vor vier Tagen war.

Ohne Unterbrechung gleitet die Handlung vom ersten in den zweiten Teil hinüber. Immer schneller folgen die Ereignisse aufeinander. Am Ende findet sich Montag plötzlich vor seinem Haus wieder, ohne recht zu wissen, wie ihm geschieht. Übergangslos beginnt der dritte Teil. Albtraumartig und mit zunehmender Geschwindigkeit wechseln die Schauplätze. Montag hat den Eindruck, als werde er von einem Sog erfasst und mitgerissen. Beim Abschied sagt er zu Faber: "My God, how did this happen? [...] It was only the other night everything was fine and the next thing I know I'm drowning." (S. 166) Auf die Flucht folgt abrupt die friedliche Naturszenerie und die Zeit steht plötzlich still. Was nun folgt, lässt sich zeitlich nicht mehr einordnen. Montag – und mit ihm der Leser – hat das Gefühl für die Zeit verloren.

Man könnte versucht sein, in dem Verzicht auf einen nachvollziehbaren Zeitrahmen ein kompositorisches Defizit zu sehen. Dies wäre jedoch eine Verkennung von Bradburys Erzählkunst. Er setzt nämlich das Zeitelement als bewusstes Gestaltungsmittel ein, um dem Leser einen Eindruck vom inneren Zustand der Hauptperson zu geben. Montags Erregbarkeit, seine Sensibilität, seine labile Gefühlswelt und sein empfindliches Gewissen erfordern eine Darstellungsweise, die den Zeitablauf flexibel an seine situative psychische Verfassung anpasst.

3 Sprache und Symbolik

Ray Bradbury ist ein Sprachkünstler, der sein stilistisches Repertoire virtuos beherrscht. Einige Kritiker haben ihm vorgeworfen, seine Sprache sei gekünstelt, sentimental, ja gelegentlich sogar kitschig. Während dies auf manche schwächere Produktionen durchaus zutreffen mag, gelingt es ihm in *Fahrenheit 451* jedoch auf überzeugende Weise, Stil und Inhalt zur Deckung zu bringen. Besonders die Passagen, in denen Montags Bewusstseinszustände beschrieben werden, sind erzählerische Höhepunkte. Hierbei bedient sich der Autor einer Technik, die er selbst in Anlehnung an den Monolog bei Shakespeare als „the art of the aside“[5] (die Kunst des Beiseite-Sprechens) bezeichnet hat. In solchen *asides* herrscht eine an lyrische Dichtung erinnernde **metaphorische Sprache** vor.

Metaphern sind im übertragenen Sinn gebrauchte bildliche Ausdrücke. Kommt eine Metapher wiederholt an wichtigen Stellen einer Erzählung vor, so wird sie zum **Symbol**. Sie verweist dann auf einen für den Sinngehalt des ganzen Textes wesentlichen Bedeutungszusammenhang. Man hat *Fahrenheit 451* als „symbolische Dystopie“[6] bezeichnet und Bradbury „one of the most skillful ‘symbol writers’ in the business“[7] genannt. Solche Äußerungen zeigen, wie sehr eine angemessene Rezeption des Romans vom Verständnis der symbolischen Darstellungsweise abhängt. Erst durch sie gewinnt das Werk seine Tiefenwirkung.

Bradbury verwendet als zentrales Symbol das **Feuer**. Dies wird bereits am Anfang des Romans deutlich. Feuer ist das Element, in dem sich Montag wohlfühlt wie der Salamander, der der Feuerwehr als Hoheitszeichen dient: “It was a special pleasure to see things eaten, to see things blackened and *changed*.” In seinen Händen hält er den Kerosinschlauch, eine die Welt vergiftende Riesenschlange. Er ist der „amazing conductor“ und dirigiert „symphonies of blazing and burning“, die von der Kulturgeschichte nur noch „charcoal ruins“ übrig lassen. Seine Augen sind „all orange flame“ und ein Haus fliegt in die Luft „in a gorging fire that burned the evening sky red and yellow and black.“ (S. 5 f.)

Hier ist es nicht eine einzelne Metapher, sondern ein ganzer Bildkomplex – man spricht im Englischen von *image clusters* – aus dem Sachfeld „Brand“. Außer „burn“, „burned“, „burning“, „flame“, „fire“ usw. gehören dazu auch „dark“, „black“, „blackened“, „blazing“, „igniter“, „red“, „yellow“, „orange“, „gorging“, „furnace“, „flapping pigeon-winged books“, „went up in sparkling whirls“, „singed and driven back by flame“, „minstrel man“, „burnt-corked“ und „fiery smile“. Es kommt dabei nicht auf einzelne Wörter, sondern auf den bildlichen Zusammenhang an. Man kann sich die hier beschriebene Szene auch als ein Ganzes vorstellen, das nur durch die Aufeinanderfolge der Wörter in Einzelheiten zerlegt erscheint.

Literarische Symbole entstammen nicht dem logischen, sondern dem assoziativen Denken und sind daher selten eindeutig. Dem zerstörenden Feuer am Romananfang wird schon bald ein anderes gegenübergestellt: das sanfte Licht der Kerze in Clarisses Augen. Diese Flamme ist das heimelige Feuer des Kamins und des nächtlichen Lagers, wo Menschen sich versammeln, um Gespräche zu führen und Geschichten zu erzählen. Montags Transformation ist mit der Erkenntnis verbunden, dass Feuer beides bedeuten kann: Tod und Leben. Im Phönix-Emblem ist beides zusammengefasst. Indem der mythische Vogel sich verbrennt, schafft er zugleich die Voraussetzung für seine Wiedergeburt. Nicht ohne Grund verwendet der Autor dieses Sinnbild sowohl als Abzeichen der Feuerwehr wie auch als Gleichnis, aus dem die Büchermenschen Hoffnung schöpfen.

Ein weiteres, mit dem Feuer eng verknüpftes Symbol ist das **Licht**. Der zugehörige Bildkomplex ist breit gefächert; er reicht von der Farbe weiß bis zum Licht des Mondes. Clarisse wird häufig mit hellen Gegenständen in Verbindung gebracht. Ihr Kleid ist weiß, ihr Gesicht „slender and milk-white", „bright as snow in the moonlight", „fragile milk crystal with a soft and constant light in it" (S. 8–14). Gegen Ende erscheint sie als Lichtgestalt am Fenster „in her moon-whitened room" (S. 181). Beatty und seinen Leuten sind dagegen häufig dunkle Farben, Rauch, Ruß, sowie harte metallische und technische Gegenstände zugeordnet. „Black" ist der Name eines Feuerwehrmannes, „Stoneman" der eines anderen. Das folgende Zitat zeigt, wie der Erzähler einige dieser Metaphern bei der Beschreibung von Beattys Besuch an Montags Krankenlager verwendet.

Captain Beatty sat down in the most comfortable chair with a peaceful look on his ruddy face. He took time to prepare and light his brass pipe and puff out a great smoke cloud. [. . .] He examined his eternal matchbox, the lid of which said GUARANTEED: ONE MILLION LIGHTS IN THIS IGNITER, and began to strike the chemical match abstractedly, blow out, strike, blow out, strike, speak a few words, blow out. He looked at the flame. He blew, he looked at the smoke. (S. 69 f.)

Beattys Gesicht ist „ruddy", eine Flammenfarbe wie „red", „orange" und „yellow". Seine Messingpfeife – „brass pipe" erinnert an „brass nozzle", die Spritze des Feuerwehrschlauchs – deutet seine Vorliebe für Feuer und Rauch an. Bevor er zu sprechen beginnt, bläst er eine dicke Qualmwolke in die Luft. Nervös spielt er mit seinem „ewigen" Feuerzeug, in dem eine Million Flammen stecken. Geistesabwesend knipst er das chemische Streichholz ständig an und bläst es wieder aus. Dabei betrachtet er abwechselnd Flamme und Rauch, als sei er von dem Anblick besessen. Beatty ist eindeutig ein „salamander man", ein Mann des Feuers.

Es gibt noch andere, weniger auffallende, aber nicht weniger wichtige Symbole. Eines davon ist das **Wasser**. Als Montag nach dem missglückten Versuch, Mildred und ihre Freundinnen mit großer Dichtung bekannt zu machen, auf dem Weg zur Arbeit ist und Fabers Stimme hört, kommt ihm der Gedanke, dass der alte Mann nun ein Teil von ihm selbst sei. Er stellt sich vor, wie in den kommenden Tagen und Wochen immer mehr von Fabers Geist auf ihn übergeht, „and he would not be Montag any more [. . .]. He would be Montag-plus-Faber, fire plus water, and then, one day, after everything had mixed and simmered and worked away in silence, there would be neither fire nor water, but wine." (S. 132) Hier wird Faber mit Wasser und Montag mit Feuer assoziiert. Nach der alten Elementenlehre bilden beide einen Gegensatz. Fabers Wasser könnte Montags Feuer auslöschen, aber dies ist nicht das, was Montag erwartet. Er sieht seine Entwicklung vielmehr als ein langsames Gären, an dessen Ende ein gereifter Mensch steht. Das von Faber empfangene Wasser hat ihm dazu verholfen, so wie das Wasser des Flusses ihm zur Freiheit verhelfen wird. Und ganz am Ende des Romans ist der Fluss Teil des biblischen Bildes, das neues Leben verheißt: "And on either side of the river was there a tree of life [...]." (S. 210)

Die besondere stilistische Qualität des Romans besteht darin, dass die verschiedenen Symbolkomplexe oft auf komplizierte Weise miteinander verflochten sind. Anhand des folgenden Textauszugs kann man analysieren, wie die Symbole Feuer, Licht und Wasser miteinander verknüpft werden. Montag ist seinen Verfolgern entkommen, nachdem er Beatty getötet hat. Nun treibt er im Wasser und überlegt, wie es weitergehen soll:

> *He saw the moon low in the sky now. The moon there, and the light of the moon caused by what? By the sun, of course. And what lights the sun? Its own fire. And the sun goes on, day after day, burning and burning. The sun and time. The sun and time and burning. Burning. The river bobbled him along gently. Burning. The sun and every clock on the earth. It all came together and became a single thing in his mind. After a long time of floating on the land and a short time of floating in the river he knew why he must never burn again in his life. (S. 178)*

Hier handelt es sich um einen Augenblick der Reflexion, an dessen Ende Montag zu einer entscheidenden Einsicht kommt. In den teils elliptischen (unvollständigen) Sätzen herrschen Substantive und modifizierte Verben (-*ing*-Formen) vor. Die meisten von ihnen sind untereinander vernetzt und stehen in Beziehung zu den Symbolbegriffen Feuer, Licht und Wasser, wie die folgende Grafik veranschaulicht.

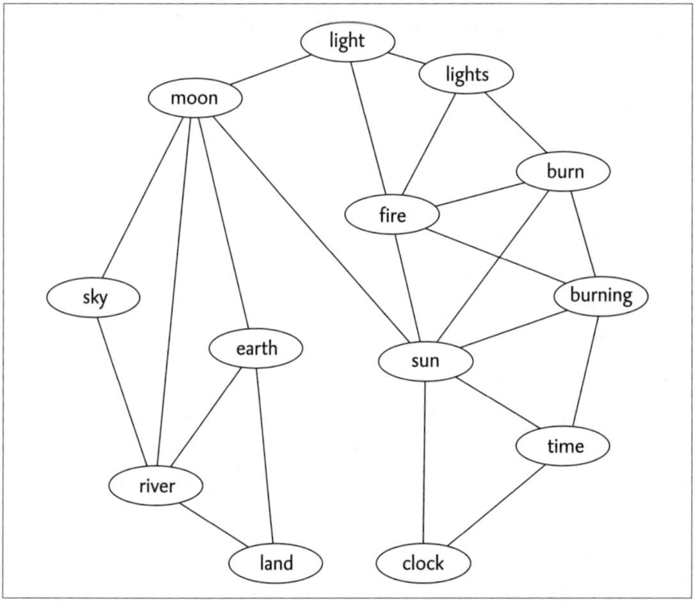

Neben den Verben „lights“ und „burn“ kommen die Substantive „fire“ und „light“ je einmal vor, „burning“ fünfmal, „river“ zweimal. „Moon“ wird anfangs dreimal gebraucht. Der Mond „brennt“ nicht selbst, er wird von der Sonne „beleuchtet“. Sonne und Zeit (ebenso alle Uhren) „verbrennen“. „Burning“ ist sowohl intransitiv als auch transitiv zu verstehen. Objekte fehlen zunächst, werden aber im folgenden Absatz hinzugefügt: „The sun burned every day. It burned Time […] and time was busy burning the years and the people anyway […].“ „Sun“ und „Time“, letzteres durch Großschreibung personifiziert, sind zerstörende Mächte. Tage und Jahre sowie die Lebensdauer der Menschen werden von ihnen „verbrannt“. Es ist der alte Vanitas-Topos von der Vergänglichkeit alles Irdischen, der Montag durch den Kopf geht. Aber mit dem Bild der Zerstörung durch Sonne und Zeit sind die Bilder des Mondes, des sanften, heilsamen Lichtes, und des Leben spendenden Wassers verbunden. Der Mond steht tief am Himmel; er berührt fast die Erde und den Fluss, der Montag sanft vorwärts trägt („bobbled him along gently"). Alle diese Bilder verschmelzen zu einem einheitlichen Ganzen: "It all came together and became a single thing in his mind." Robin A. Reid bemerkt zu der zitierten Stelle: "This view of the universe, in which the opposing or destructive forces meld with the nurturing or creative forces, is a vision that results in Montag's decision to move away from destruction [...] and toward preservation."[8]

Man sieht an diesem Beispiel, wie es Bradbury gelingt, durch Bilder, Metaphern und Symbole, die im Laufe der Erzählung immer wieder aufgegriffen und zueinander in Beziehung gesetzt werden, seinem Romantext einen stimmigen motivischen Zusammenhang zu geben. Zugleich wird durch die symbolische Erzählweise der Sinngehalt vertieft.

4 Thematik

Wie alle Dystopien ist auch *Fahrenheit 451* ein Ideenroman. Es geht dem Autor darum, bestimmte gesellschaftliche, kulturelle und politische Zeiterscheinungen vor dem Hintergrund des technologischen Wandels zu kommentieren. Die Science-Fiction-Projektion der Ereignisse in die Zukunft bietet die Möglichkeit, in der Gegenwart wirksame Tendenzen durch Extrapolation zu problematisieren. Bradbury beschreibt die Absicht, die er mit seinen Science-Fiction-Erzählungen verbindet, wie folgt:

> *[Science fiction stories] are a convenient shorthand symbolic way to write of our huge problems. Smog, freeways, cars, atom bombs, most of mankind's trouble these days comes from an abundance of machinery and an undersupply of imagination applied to that machinery. S-f [science fiction] supplies the imagination whereby to judge, suggest alternatives, and provide seedbeds for future improvements.*[9]

Dies gilt besonders für die in den vierziger und fünfziger Jahren entstandenen Werke. "*The Martian Chronicles* and *Fahrenheit 451*", so Bradbury in einem Interview, "come from the same period in my life, when I was warning people. I was *preventing* futures."[10] In *Fahrenheit 451* wendet er sich gegen den Verlust der Individualität, die Unterdrückung selbstständigen Denkens und Handelns, die Zunahme von Gewalt in der Gesellschaft und die Entwurzelung des Menschen in einer immer mehr von der Technik bestimmten Welt.

Konformität und Trivialisierung

Die Idee der Freiheit und Gleichheit aller Menschen ist in der von der Feuerwehr beherrschten dystopischen Welt zu einem **Konformitätszwang** pervertiert. "We must all be alike", sagt Beatty. "Not everyone born free and equal, as the Constitution says, but everyone *made* equal. Each man the image of every other; then all are happy [...]" (S. 77). Das Ergebnis ist die Einebnung aller individuellen Unterschiede und Gegensätze zugunsten von systemerhaltenden, eindimensionalen **Massenmenschen**, deren einziger Lebenszweck darin besteht, zu konsumieren und sich zu vergnügen. Beatty erklärt Montag, wie die Menschen sich ihr Leben wünschen:

> *People want to be happy, isn't that right? Haven't you heard it all your life? I want to be happy, people say. Well, aren't they? Don't we keep them moving, don't we give them fun? That's all we live for, isn't it? For pleasure, for titillation? And you must admit our culture provides plenty of these. (S. 78)*

Um das Unterhaltungsbedürfnis der Masse zu befriedigen, steht eine umfangreiche Freizeitindustrie zur Verfügung. Technische Innovationen und die Zunahme der Bevölkerung haben die **Massenmedien** entstehen lassen, vor allem das Fernsehen, das wie eine Droge wirkt und die Konsumenten in einen narkotischen Zustand versetzt. Menschliche Beziehungen verflachen.

Es entsteht ein emotionales Vakuum, das eine zunehmende Sucht nach neuen Vergnügungen erzeugt. Einsamkeit und das Gefühl der Anonymität sind oft die Folge. Die Selbstmordrate ist hoch, wie die Existenz speziell ausgebildeter Rettungsteams beweist.

Intellektuelle Herausforderungen sind unerwünscht und werden durch radikale Vereinfachung der Probleme ersetzt. Argumente werden auf Trivialitäten reduziert. Der politische Diskurs verkommt. Wer Präsident wird, bestimmen nicht politische Programme, sondern die Art des Auftretens und das äußere Erscheinungsbild der Kandidaten im Fernsehen. Über Krieg zu diskutieren, würde die Öffentlichkeit nur beunruhigen und den Einzelnen belasten. “If you don’t want a man unhappy politically, don’t give him two sides to a question to worry him; give him one. Better yet, give him none. Let him forget there is such a thing as war”, sagt Beatty (S. 80). Wenn es keine kontroversen Meinungen mehr gibt, geben die Leute Ruhe. Solange aber einige immer noch eigenständig denken, ist die Feuerwehr notwendig. “The important thing for you to remember, Montag”, schärft Beatty ihm ein, “is we’re the Happiness Boys [...]. We stand against the small tide of those who want to make everyone unhappy with conflicting theory and thought.” (S. 81 f.) Clarisse und ihre Familie gehören zu diesen Außenseitern, ebenso Faber und selbstverständlich Granger und seine Freunde. Sie alle sind ausgeprägte Persönlichkeiten, die sich ihre intellektuelle Selbstständigkeit bewahrt haben.

Huxley hatte in *Brave New World* ebenfalls vor der Entmündigung der Menschen durch eine Vergnügungs- und Freizeitkultur gewarnt und der Medienkritiker Neil Postman kam rund dreißig Jahre nach dem Erscheinen von *Fahrenheit 451* zu dem Schluss, die amerikanische Gesellschaft sei im Begriff, sich zu Tode zu amüsieren:

When a population becomes distracted by trivia, when cultural life is redefined as a perpetual round of entertainments, when serious public conversation becomes a form of baby-talk, when, in short, a people become an audience and their public business a vaudeville act, then a nation finds itself at risk; culture-death is a clear possibility.[11]

Kulturverlust

Auf den ersten Blick mag es merkwürdig erscheinen, dass dem Lesen von Büchern eine so zentrale Bedeutung für den Fortbestand der Kultur beigemessen wird, wie dies in *Fahrenheit 451* geschieht. Schließlich handelt es sich bei ihnen auch um Massenprodukte, die der Tendenz zur Simplifizierung und Trivialisierung unterliegen. Es geht dem Autor aber nicht um Bücher allein. Vielmehr verwendet er diesen Begriff als Metapher für die gesamte kulturelle Überlieferung. Dies ergibt sich aus Fabers Diskurs über Literatur.

Nach Faber haben literarische Texte gewisse Eigenschaften, die er mit dem Wort „quality" umschreibt:

[Quality] means texture. This book [the Bible] has pores. *It has features. This book can go under the microscope. You'd find life under the glass, streaming past in infinite profusion. The more pores, the more truthfully recorded details of life per square inch you can get on a sheet of paper, the more 'literary' you are. [...] The good writers touch life often. The mediocre ones run a quick hand over her. The bad ones rape her and leave her for the flies. (S. 106)*

Nach Fabers Vorstellung enthält qualitätvolle Literatur vor allem eines: Wahrheit. Sie besteht aus einem Mikrokosmos von authentischen Details, aus denen sich ein Gesamtbild der Realität ergibt. Ein gutes Buch ist wie ein Gewand, das der Autor aus einzelnen „patches of the universe" (S. 106) für den Leser zusammengenäht hat.

Untersucht man, an welche Bücher bzw. Schriftsteller Bradbury dabei denkt, so bietet der Roman eine Fülle von Beispielen an. Granger erwähnt bei der Vorstellung seiner Gefährten (S. 192 f.) Platon, Mark Aurel, Swift, Darwin, Schopenhauer, Einstein, Albert Schweitzer, Aristophanes, Gandhi, Buddha, Konfuzius, Thomas Love Peacock, Thomas Jefferson, Abraham Lincoln, sowie die vier Evangelisten. Später fügt er noch Byron, Tom Paine, Machiavelli, Henry David Thoreau und Bertrand Russell hinzu. Ergänzt man die Liste durch die Vielzahl von Namen, von Julius Caesar bis Oscar Wilde, die Beatty zitiert, so ergibt sich eine Enzyklopädie von religiösen, philosophischen, historischen, politischen, naturwissenschaftlichen und literarischen Werken, die so etwas wie das gesammelte kulturelle Vermächtnis der Menschheit darstellt. Der Autor will zeigen, wie sich eine Gesellschaft entwickelt, wenn dieses gemeinsame Erbe verloren geht. Er warnt damit vor einer Gefahr, die er auf die Zivilisationen der westlichen Welt zukommen sieht.

Mit seiner Warnung steht Bradbury nicht allein. Das Motiv der staatlichen Unterdrückung des geschriebenen und gedruckten Wortes kommt in fast allen modernen Dystopien vor. Überall da, wo Gedankenfreiheit unerwünscht ist, wird der Zugang zu den Quellen der geistigen Überlieferung eingeschränkt oder unmöglich gemacht. Je nach der Herkunft des jeweiligen Autors und der Stoßrichtung seiner Kritik finden sich unterschiedliche Akzentuierungen dieses Themas.

Für Bradbury waren seine persönlichen Erfahrungen in den fünfziger Jahren prägend. Während des Kalten Krieges war die Furcht vor kommunistischer Unterwanderung in den USA allgemein verbreitet. Vor allem konservative Kreise fürchteten eine Zersetzung der Demokratie von innen heraus. Unter dem Präsidenten Truman versuchten maßgebende Regierungsorgane, namentlich ein von dem Senator McCarthy geleitetes Komitee gegen anti-amerikanische Umtriebe, politisch Andersdenkende, darunter zahlreiche Künstler und Schriftsteller, als Staatsfeinde hinzustellen und öffentlich anzuprangern. Der überall spürbare

Zwang zum Konformismus lief praktisch auf eine Zensur der veröffentlichten Meinung hinaus. Bradbury hegte gegen solche Bestrebungen großes Misstrauen. In *Fahrenheit 451* zeigt er, wie eine solche Entwicklung zu einer **Einheitskultur** geführt hat, in der jede Form von persönlicher Meinungsbildung unmöglich geworden ist.

Paradoxerweise sind es gerade Minoritäten, die diesen Prozess mit zu verantworten haben. Beatty erklärt den Verlust der Bücher und ihres kritischen Potenzials aus dem Bestreben, es allen recht zu machen: "Don't step on the toes of the dog-lovers, the cat-lovers, doctors, lawyers, merchants, chiefs, Mormons, Baptists, Unitarians […]. The bigger your market, Montag, the less you handle controversy […]." (S. 75) Bücher, die kontroverse Themen behandeln, sind längst ausgestorben. Der Autor verweist hier auf ein Problem, von dem er sich unmittelbar betroffen fühlt. In einem Nachwort zu seinem Roman listet er Beispiele dafür auf, dass die Berücksichtigung von Gruppeninteressen zur Verarmung der Literatur beigetragen hat. Frauen beklagen sich, dass sie in seinen Erzählungen eine untergeordnete Rolle spielen, Farbige sehen sich zu negativ dargestellt und Verlage nehmen Eingriffe in seine Texte vor, um bei niemandem Anstoß zu erregen. "There is more than one way to burn a book", kommentiert der Autor und verweist auf den Roman:

> *Fire-Captain Beatty, in my novel* Fahrenheit 451, *described how the books were burned first by minorities, each ripping a page or a paragraph from this book, then that, until the day came when the books were empty and the minds shut and the libraries closed forever.*[12]

Literatur- bzw. Kulturverlust, wie ihn Bradbury versteht, hat gravierende Folgen für den Einzelnen ebenso wie für die Gesamtgesellschaft. Faber erklärt Montag, dass die Lektüre gehaltvoller Texte Muße *(leisure)* erfordere. Die so verbrachte Zeit sei erfüllt von geistiger Arbeit. Sie sei das Gegenteil von gedankenloser

Unterhaltung, wie sie das Fernsehen biete. Im Gegensatz zum Buch beraube das Fernsehen seine Benutzer der Möglichkeit des Nachdenkens. Gegen bunte Bilder und laute Musik könne man keine Argumente geltend machen.

Bücher fordern zum Vergleichen auf, sie bieten sich zur Auseinandersetzung an und liefern den Stoff, aus dem eigene Gedanken entstehen. Wenn allerdings immer mehr Menschen sich ihre Zeit von den Massenmedien vertreiben lassen und immer weniger zum aktiven Gebrauch ihrer Denkfähigkeit bereit sind, verschwindet schließlich das Buch und die kulturelle Tradition reißt ab. So ist in *Fahrenheit 451* die Fernseh- und Freizeitgesellschaft entstanden und die Feuerwehr sorgt dafür, dass es dabei bleibt.

Enthumanisierung

Die auffälligste Erscheinungsform der Enthumanisierung in Bradburys Zukunftsstaat ist die überall anzutreffende **Gewalt**. Sie bestimmt das Verhalten der Feuerwehr, beherrscht den Alltag und gipfelt im Atomkrieg. In der Öffentlichkeit und den Medien hat Gewalt eine Unterhaltungsfunktion. Von der Feuerwehr inszenierte Bücherverbrennungen sind beim Publikum ebenso beliebt wie Verfolgungsjagden im Fernsehen. Montags Flucht und die Hinrichtung eines stellvertretenden Opfers werden live übertragen. Das Automobil ist von einem Fortbewegungsmittel zu einer Jagdwaffe geworden. Man veranstaltet damit gefährliche Rasereien und versucht, Fußgänger zur Strecke zu bringen. Clarisse berichtet, dass zehn ihrer Freundinnen bei Autounglücken ums Leben gekommen sind. Sie selbst wird bei einem solchen „Verkehrsunfall" getötet und Montag entgeht nur knapp dem gleichen Schicksal.

Eine die gesamte Zivilisation unmittelbar bedrohende Form der Gewalt spielt sich im Hintergrund des Romangeschehens ab: **Krieg**. Immer, wenn Montag einen Augenblick lang zur Ruhe kommen möchte, erinnert ihn das Dröhnen der Kampfflugzeuge an die ständig näher kommende Gefahr. Diese Bedrohung ist umso unheimlicher, als niemand weiß, wer der Gegner ist und warum der Krieg überhaupt stattfindet. "How in hell did those bombers get up there every single second of our lives! Why doesn't someone want to talk about it?" (S. 94) fragt Montag verzweifelt. Dies ist bereits der dritte Atomkrieg seit 1960, soweit ihm bekannt ist, aber über die Gründe kann er nur spekulieren: "Is it true, the world works hard and we play? Is that why we are hated so much?" (S. 94)

Es ist erstaunlich, dass Montag und Faber die Einzigen zu sein scheinen, die vom Krieg Notiz nehmen. Niemand sonst scheint sich dafür zu interessieren. Offenbar ist der Lärm der Düsenjäger zu einem Hintergrundgeräusch geworden, das nicht mehr bewusst wahrgenommen wird. Die Erklärung ist wohl, dass die Vergnügungs- und Konsumkultur jede Art von Realitätssinn verdrängt hat. Was wirklich vorgeht, will keiner wahrhaben. Erst Stunden vor dem Bombenangriff auf die Stadt hört Montag im Radio die offizielle Kriegserklärung. Der Angriff selbst ist eine Sache von wenigen Augenblicken und das Ergebnis ein Haufen Staub. Granger fragt sich: "I wonder how many knew it was coming? I wonder how many were surprised?" (S. 206) Es ist eine rhetorische Frage, die in Montags Fantasie vom Tode seiner Frau ein Echo findet. Verständnislos starrt Millie auf die leere Fernsehwand eines Hotelzimmers, bevor sie mitsamt dem Gebäude in die Tiefe gerissen wird. (S. 203)

Fernsehen, Autos und Atombomben sind Beispiele von zerstörerischen **Auswirkungen der Technik**. Vor allem naturwissenschaftlich orientierte Science-Fiction-Schriftsteller haben Bradbury vorgeworfen, in *Fahrenheit 451* trete ein tiefes Misstrauen gegenüber dem technischen Fortschritt zu Tage. Der Autor hat sich wiederholt mit dem Hinweis verteidigt, er misstraue nicht den Maschinen, sondern den Menschen, die sie benutzen. Jede neue Errungenschaft könne missbraucht werden, sie könne aber auch dem Wohl der Allgemeinheit dienen. Von Bradbury ist bekannt, dass er eine Abneigung gegen Fernsehen, Autos und Flugzeuge hat, während er sich für Filme, Schiffe, Eisenbahnen und Weltraumfahrt begeistern kann.

In Bradburys Leben war die Nachkriegsepoche eine Zeit, in der er an der Fähigkeit des Menschen verzweifelte, wissenschaftliche Entdeckungen im Interesse der Allgemeinheit zu nutzen. In den vierziger Jahren hatte die Entwicklung und Erprobung der Atombombe in ihrem Ursprungsland Amerika erhebliche Beunruhigung ausgelöst. Als dann die Sowjetunion nach 1945 ebenfalls Atombomben herstellte, glaubten viele, das Ende der Welt stehe bevor. In *Fahrenheit 451* spiegelt sich diese Angst wider. Bradbury teilte die Sorge, dass es zu einem atomaren Weltkrieg kommen könnte. Andererseits war er nicht ohne Hoffnung. Er war davon überzeugt, dass die Menschheit letztlich unzerstörbar sei und, wenn schon nicht auf der Erde, so doch anderswo im Weltall, überleben werde. Der Roman enthält beide Aspekte, die Möglichkeit der atomaren Katastrophe, aber ebenso den optimistischen Glauben an eine bessere Zukunft.

Entfremdung von der Natur

Die Gefahr der Entfremdung des Menschen von seinen natürlichen Wurzeln wird wiederholt thematisiert. Begriffe wie „land“, „earth“, „nature“ oder „wilderness“ sind fast immer mit positiven Assoziationen verknüpft. Clarisse, Faber und Granger haben eine besondere Beziehung zur Natur, während Mildred und Beatty in einer **künstlich geschaffenen Umwelt** leben. Clarisse wird immer wieder mit Bildern des organischen Wachstums in Verbindung gebracht, die einen auffallenden Kontrast bilden zu dem sterilen und destruktiven Umfeld von Beattys Feuerwehrleuten. Auch Faber gehört zu denjenigen, die den Wert des Wachsens und Reifens zu schätzen wissen. Bücher sind für ihn ein Teil der Natur. Seine Beziehung zu ihnen ist mit Clarisses Liebe zu Pflanzen und Blumen zu vergleichen. Als Montag ihm eine Bibel schenkt, riecht er genießerisch daran und bemerkt: "Do you know that books smell like nutmeg or some spice from a foreign land?" (S. 104) An mehreren Stellen des Romans wird der Buchbegriff metaphorisch mit der Vorstellung von Tauben verschmolzen und so zu etwas Lebendigem gemacht (siehe Interpretation von Schlüsselstellen, S. 57). Schon am Anfang des Romans ist die Rede von „flapping pigeon-winged books [that] died on the porch and lawn of the house." (S. 6)

Faber weist ausdrücklich auf die Gefahr der Entfremdung des Menschen von der Natur hin, als er die antike Sage von Herkules und Antäus erwähnt. Der Riese Antäus ist unbesiegbar, solange er mit den Füßen die Erde berührt. Erst als Herkules ihn umfasst und hochhebt, kann er ihn überwinden. "If there isn't something in that legend for us today, in this city, in our time", fügt Faber hinzu, "then I am completely insane." Er weiß, dass die Menschheit nicht gedeihen kann „without completing the cycle back to reality." (S. 107)

Bradburys Betonung der **natürlichen Grundlagen des Lebens** hat ihre Wurzeln in persönlichen Kindheitserfahrungen, ist aber auch eng mit der amerikanischen Geschichte verknüpft. Montags Flucht aus der städtischen Zivilisation in die unberührte Natur *(wilderness)* symbolisiert seine Befreiung von einem pervertierten gesellschaftlichen Zustand und seine Aufnahme in eine humane und solidarische Gemeinschaft. Die Wildnis, die ihm und den anderen ein Zuhause bietet, ist eine Spiegelung von tief im kollektiven Bewusstsein der Nation verankerten Überlieferungen. In seinem 1920 erschienenen Buch *The Frontier in American History*, welches das Geschichtsbild der USA über Jahrzehnte hinweg geprägt hat, argumentiert der Historiker Frederick Jackson Turner, dass die im Laufe des 19. Jahrhunderts allmählich fortschreitende Besiedlung der Wildnis, d. h. der westlich der *Frontier*-Linie gelegenen Gebiete, eine positive Wirkung auf die Entwicklung der Nation gehabt habe. “These free lands promoted individualism, economic equality, freedom to rise, democracy”, heißt es bei Turner.[13] Mit dieser Vorstellung eng verwandt ist der Mythos des *Agrarian Dream,* der Glaube an eine durch den Kontakt mit der Natur bewirkte Ursprünglichkeit der Lebensführung, die sich in enger Bindung an Familie und Gemeinde äußert.

Bradburys Bild einer lebenswerten Gesellschaft hat sich aus solchen Denktraditionen entwickelt. Für ihn sind *family* und *community* positive Leitvorstellungen. Seine Kindheits- und Jugendjahre in Waukegan lieferten ihm dazu die konkrete Erfahrung. Die eigene Großfamilie und das kleinstädtische Gemeinschaftsleben wurden zu Vorbildern für seine Idee von einer zukünftigen Gesellschaft. Im Roman bieten Clarisse und ihre Familie sowie Granger und seine Gruppe Beispiele des menschlichen Umgangs miteinander. In beiden Fällen ist Montag von einer aus der Vergangenheit stammenden Gesprächskultur beeindruckt. Das entspannte Zusammensein und zwanglose Austauschen von Gedanken stellt für ihn den Gegenpol dar zur **Beziehungs- und Sprachlosigkeit**, die er gewohnt ist. Beim Anblick der flachen Vorderfronten der Häuser in seiner Straße kommt ihm eine Bemerkung in den Sinn, die Clarisse einmal gemacht hat:

> *No front porches. My uncle says there used to be front porches. And people sat there sometimes at night, talking when they wanted to talk, rocking, and not talking when they didn’t want to talk. […] My uncle says the architects got rid of the porches because they didn’t look well. But my uncle says […] the real reason, hidden underneath, might be they didn’t want people […] talking. (S. 83 f.)*

Ein anderer Ort, der ebenfalls auf die Vergangenheit verweist, ist das Lagerfeuer der Büchermenschen. Montag ist fasziniert von den Stimmen der Männer, die dort lagern wie einst die Pioniere des 19. Jahrhunderts auf ihrem Zug gen Westen: "And then the voices began and they were talking, and he could hear nothing of what the voices said, but the sound rose and fell quietly and the voices were turning the world over and looking at it [...]." (S. 185)

Thematik in Stichworten	
Dystopische Welt	**Utopische Gegenwelt**
Konformitätszwang • Massenmenschen • Massenmedien	Leitbild des selbstständig denkenden und handelnden Individuums
Kulturverlust • Zerstörung des geistigen Erbes • Einheitskultur	• Bewahren der kulturellen Überlieferung • Gedanken- und Meinungsvielfalt
Enthumanisierung • Gewalt • Krieg • Technik	Vision einer freien und menschenwürdigen Gesellschaft
Entfremdung von der Natur • künstliche Umwelt	• Erhalten der natürlichen Grundlagen
• Beziehungs- und Sprachlosigkeit	• Gesprächskultur in Familie und Gemeinschaft

Man hat Bradburys Utopie gelegentlich als rückwärtsgewandte, nostalgische Verklärung der Vergangenheit kritisiert. Dabei ist jedoch zu bedenken, dass es ihm nicht um den kompletten Entwurf eines idealen Zukunftsstaates geht, sondern um den Glauben an eine bessere Welt. Die vage angedeutete utopische Dimension dient nur als Kontrast zur scharf konturierten Zeichnung einer entarteten Zivilisation. Der Blick auf die Vergangenheit bietet eine Perspektive, aus der die dystopischen Verhältnisse genauer betrachtet werden können. Mit dieser Akzentuierung des Vergangenen steht Bradbury übrigens nicht allein. Überlieferte Werte zum Kriterium für die kritische Beurteilung von Gegenwart und Zukunft zu machen, gehört vielmehr zu den typischen Merkmalen vieler, wenn nicht der meisten Anti-Utopien (siehe Bradbury, Huxley, Orwell, S. 67 ff.).

5 Interpretation von Schlüsselstellen

Tod der alten Frau (Seite 48 bis 53)

Während Montag sonst an Bücherverbrennungen mit Begeisterung teilgenommen hat, lösen die Ereignisse diesmal eine tiefe Erschütterung bei ihm aus. Die Entschlossenheit der Frau, lieber zu sterben, als sich von ihren Büchern zu trennen, ist für ihn ein Schlüsselerlebnis. Da er selbst noch über keinerlei Leseerfahrung verfügt, öffnet ihm die Erkenntnis, dass Bücher für bestimmte Menschen eine lebenswichtige Bedeutung haben, die Augen für die besondere Qualität von Literatur. Später, als er seiner Frau von dem Vorgefallenen berichtet, sagt er: “There must be something in books, things we can’t imagine, to make a woman stay in a burning house […].” (S. 67)

Zum ersten Mal fühlt er sich in seiner Rolle als Feuerwehrmann schuldig. Das Verhalten der Kollegen, die in brutalem Übermut die Bibliothek demolieren, irritiert ihn. Der Blick der schweigend daneben stehenden alten Dame scheint das Haus mit einer lauten Anklage zu erfüllen: “She made the empty rooms roar with accusation and shake down a fine dust of guilt […].” (S. 50) Die Bücher selbst klagen ihn an. Sie erscheinen ihm wie lebende Wesen und die Besitzerin wie ein kleines Mädchen, dessen Lieblingstiere zu unschuldigen Opfern einer Massentötung werden: "They fell like slaughtered birds and the woman stood below, like a small girl, among the bodies."

Während er noch abwartend dasteht, wird er von oben herab mit Büchern beworfen. Wie eine im Flug verwundete weiße Taube landet eines davon in seinen Händen. Das Bild hat Symbolkraft. In der christlichen Überlieferung ist die Taube ein Emblem des Heiligen Geistes. Die aufgeschlagene Seite könnte zu einer mittelalterlichen Handschrift gehören, so zart und sorgfältig sind die Buchstaben gemalt. Montag kann gerade noch einen Satz lesen, aber der prägt sich ihm ein, als wäre er eingebrannt: "Time has fallen asleep in the afternoon sunshine." Wie das Bild der Taube deutet auch das Zitat auf Versöhnung und Errettung hin. Im Kontext des Romans ist Zeit eine zerstörerische Kategorie (siehe Sprache und Symbolik, S. 43). Das „Einschlafen" der Zeit muss als Hoffnung verstanden werden, dem ewigen Kreislauf der Vernichtung des Lebens zu entfliehen.

Vorläufig haben allerdings die Feuerwehrleute die Macht und setzen ihr Werk der Zerstörung mit barbarischem Sadismus fort. Montag lässt das Buch fallen, das damit dem Flammentod preisgegeben ist. Aber sofort hält er ein anderes im Arm und diesmal gelingt es ihm, es festzuhalten und an seinem Körper zu verstecken: "Montag felt the hidden book pound like a heart against his chest." (S. 53) Wie sich später herausstellt, ist es ein Exemplar der Bibel, die als Buch der Bücher stellvertretend für die gesamte Literatur steht. Später wird er Teile davon auswendig lernen und dies wird ihn zum Büchermenschen machen, der an der Errettung der Menschheit mitwirkt. Zitate aus dem Alten und Neuen Testament weisen ihm und den anderen am Schluss den Weg (siehe Interpretation von Schlüsselstellen, S. 64).

Vorerst gilt seine Anteilnahme jedoch der alten Frau. Die ruhige Würde, mit der sie Beattys Drohungen bis zuletzt standhält, hinterlässt bei ihm einen nachhaltigen Eindruck. Ihre Sicherheit erwächst aus einer festen inneren Überzeugung und stellt sie in eine Reihe mit den Märtyrern der Religionsgeschichte. Als die Feuerwehr eintrifft, zitiert sie die bekannten letzten Worte Hugh Latimers, der zusammen mit Nicolas Ridley auf dem Scheiterhaufen verbrannt wurde: “Play the man, Master Ridley; we shall this day light such a candle, by God’s grace, in England, as I trust shall never be put out.” (S. 48) Dieser Satz sollte sich als prophetisch erweisen. Der Tod der beiden protestantischen Blutzeugen des 16. Jahrhunderts wirkte in der Kirchengeschichte Englands als Fanal und trug wesentlich zum Sieg des Protestantismus bei. Auch die alte Frau wird zu einer brennenden Kerze, die für Montag niemals erlöschen wird. “Well”, sagt er später zu Millie, “this fire’ll last me the rest of my life.” (S. 67)

Wie in dem Bild der weißen Taube, so klingen auch im Vergleich der Bücher mit Fischen christliche Bedeutungen an. Der Fisch ist ein altes kirchliches Symbol für Christus. Inmitten der „great mounds of fishes left to dry“ (S. 51) kniet die Frau wie eine Heiligengestalt und berührt die vergoldeten Titel, „their golden eyes“, zärtlich mit den Fingern. “You can’t ever have my books”, sagt sie zu Montag und Beatty gewendet. Dies ist nicht einfach nur ein Protest gegen die Konfiszierung ihres Eigentums, sondern bedeutet, dass Menschen wie die Feuerwehrleute niemals den transzendenten Wert der Bücher begreifen werden, wie er in den symbolischen Verweisen des Textes zum Ausdruck kommt.

Montags letzter Blick fällt auf die nunmehr bewegungslos auf der Veranda stehende Frau, „her quietness a condemnation“ (S. 53). Mit einer Geste der Verachtung entzündet sie den Scheiterhaufen, den sie mit ihren Büchern teilt. Spätestens an dieser Stelle wird deutlich, dass für Bradbury Mensch und Buch eng zusammengehören. “It’s not just the woman that died”, reflektiert Montag später, “[…] for the first time I realized that a man [Mensch] was behind each of the books.” (S. 68) Die Parallele zu historischen Bücherverbrennungen drängt sich auf. Bradbury standen die Ereignisse in Deutschland nach 1933 bei der Konzeption des Romans vor Augen: "When Hitler burned a book I felt it as keenly, please forgive me, as burning a human, for in the long sum of history they are one and the same flesh."[14]

Dover Beach (Seite 123 bis 131)

Dieses bekannte Gedicht von Matthew Arnold steht im Mittelpunkt einer Episode, in der es um den Unterschied zwischen Massenkultur und literarischer Kultur geht. Mildred und ihre Freundinnen sind zunächst ausschließlich an dem primitiven und geschmacklosen Fernsehprogramm interessiert. Nachdem Guy die Anlage abgeschaltet hat, kommt es sofort zu Entzugserscheinungen. Sein Versuch, ein Gespräch über den Krieg zustande zu bringen, scheitert kläglich. Keine der drei Frauen will die unmittelbar bevorstehende atomare Katastrophe wahrhaben.

Das Gespräch stockt, die Spannung wird unerträglich. Montag schneidet das Thema Kinder an. Die Reaktion ist eindeutig: Kinder sind ein notwendiges Übel. Mrs Bowles ist zwar stolz auf ihre Kaiserschnittgeburten, aber die Kinder hält sie sich durch das Fernsehen vom Leib: "You heave them into the 'parlour' and turn the switch." (S. 124) Mildred schlägt vor, über Politik zu reden, um Guy einen Gefallen zu tun. Die Freundinnen zögern nicht, ihrer Meinung über die Präsidentschaftskandidaten Ausdruck zu geben. Hoag habe keine Chance gegen Noble, weil er klein und unansehnlich sei, in der Nase bohre und schwierige Wörter gebrauche. In satirischer Zuspitzung kommentiert Bradbury hier die Entwicklung zur Fernsehdemokratie, in der Argumente durch Showbusiness ersetzt werden.

Montag hat genug gehört. "Did you *hear* them, did you hear these monsters talking about monsters?" fragt er Faber. Ihn bringt die Fixierung der drei Frauen auf inhaltsleere Unterhaltung aus der Fassung. Sie sind unfähig, reale Sachverhalte zu verstehen und eigene Gedanken auszutauschen. Indem er sie mit einem anspruchsvollen literarischen Text konfrontiert, möchte Montag sie provozieren und ihnen einen Spiegel vorhalten. Er weiß, dass dieser Versuch gefährlich und nutzlos ist, lässt sich aber dennoch dazu hinreißen, vielleicht in der Hoffnung, zumindest eine Ahnung davon zu erzeugen, was große Dichtung bedeutet.

Das Gedicht, von dem hier nur die beiden letzten Abschnitte zitiert werden, beginnt im ersten Teil mit einer Beschreibung der nächtlichen, vom Mondlicht erhellten Küste bei Dover. Der Dichter steht neben seiner Geliebten am Fenster und teilt mit ihr Bilder und Eindrücke: die weiße Gischt auf dem Strand, das Geräusch der von den Wellen hin- und herbewegten Kiesel. Seine Gedanken schweifen zu dem griechischen Dichter Sophokles, der einst im Rauschen des Meeres ein Sinnbild menschlichen Elends sah, und bewegen sich von da zurück zur Gegenwart. Hier setzt Montags Stimme ein. „The Sea of Faith“ (S. 128) ist eine Metapher für den universalen christlichen Glauben des europäischen Mittelalters, der einst alle Bereiche des Daseins mit Sinn erfüllte und dem Einzelnen Sicherheit verlieh, sich jetzt aber wie das Meer zurückzieht, sodass nur ein ödes, trauriges Gestade übrig bleibt. Für die heimatlos gewordenen Menschen gibt es nur eine tröstliche Botschaft: “Ah, love, let us bet true / To one another!” In einer Welt, die zwar in unseren Träumen schön ist, in Wahrheit aber weder Freude noch Liebe, weder Frieden noch Schutz vor Leid kennt, ist dies eine rettende Möglichkeit. Das Gedicht schließt mit dem Bild einer im Dunkeln stattfindenden Schlacht, bei der die Krieger sich nicht erkennen und zwischen Freund und Feind nicht mehr unterscheiden können.

Im Spiegel dieses Gedichtes erscheint die dystopische Welt des Romans als ein chaotisches Schlachtfeld. Ziellos irren die Menschen umher. Keiner kann sich auf den anderen verlassen, jeder ist auf sich allein angewiesen. In *Dover Beach* kann sich das Ich noch seinem Du mitteilen. In Bradburys Zukunftsstaat ist die Kommunikation auf triviale Floskeln beschränkt. Keine der drei

Frauen ist fähig, das Gedicht zu begreifen. Mrs Phelps ist vom Klang der Worte ergriffen, kann aber mit dem Inhalt nichts anfangen. Mrs Bowles spürt, dass hier unangenehme Wahrheiten ausgesprochen worden sind, und reagiert mit wütender Ablehnung. Dass in ihrer angeblich so glücklichen Welt Familienbeziehungen ausgehöhlt, Selbstmorde an der Tagesordnung und Krieg und Gewalt überall anzutreffen sind, will sie sich nicht eingestehen.

Eine solche Unfähigkeit, die eigene Lage zu begreifen, hängt mit dem Verschwinden differenzierter sprachlicher Ausdrucksmöglichkeiten zusammen. Faber hatte bereits darauf hingewiesen, dass es durch das Fehlen der literarischen Überlieferung zum Verlust an „quality of information“ (S. 108) gekommen sei, und diese Qualität als „truthfully recorded details of life“ definiert. *Dover Beach* bietet ein Beispiel dafür. Das Gedicht zeigt „the pores in the face of life“ und darum wird es gehasst: “The comfortable people want only wax moon faces, poreless, hairless, expressionless.” (S. 106) Montags Experiment mit den drei Frauen beweist die Richtigkeit von Fabers These.

Ländliche Idylle (Seite 180 bis 181)

Die Textstelle ist ein Beispiel für das lyrische *aside*. Die Handlung ruht. Es tritt ein Moment der Stille ein, eine Atempause, in der der Leser an Montags Wachträumen teilnimmt. Die Sprache wird dichterisch, bildhaft und symbolisch. Da ist zunächst der *Agrarian Dream* (siehe Thematik, S. 54), Montags Kindheitserinnerung an eine Farm, an das einfache Leben auf dem Land. Von der Verbundenheit mit der Erde und dem, was sie hervorbringt, gehen heilende Kräfte aus. Hier ist es der Duft von Heu, der die friedlichen Bilder auslöst: “[...] cows chewed grass and pigs sat in warm ponds at noon and dogs barked after white sheep on a hill.” (S. 180)

Der Geruch und die Bewegung des Wassers lösen in Montag

Vorstellungen einer zeitlosen Idylle aus und steigern sich zur Vision einer heilen Welt. Bradburys Sprache entfaltet eine suggestive Kraft. Durch die ständige Wiederholung des modalen Futurs „would" – mehr als ein Dutzend Mal – entsteht eine zeitliche Unbestimmtheit, die dem Text eine träumerische und sehnsüchtige Klangfarbe verleiht. Montag hört Schritte, und als die Lichter im Haus ausgegangen sind, sieht er eine junge Frau am Fenster sitzen und sich die Haare flechten. Er kann sie nicht genau erkennen, aber „her face would be like the face of the girl so long ago in his past […] who had known what dandelions meant rubbed off on your chin." (S. 180 f.) Es sind die Gesichtszüge von Clarisse, die er auf diese Traumgestalt projiziert. Kurz danach sieht er sie in einem weißen, vom Mondlicht erhellten Zimmer, einem Engel ähnlich, dem auch der Tod in Gestalt der den Himmel zerschneidenden Düsenjäger nichts anhaben kann. In ihrem Schutz ruht er aus bis zum Morgen.

Montags neu erwachte Zuversicht wird durch den Abschluss der Traumsequenz bestätigt. Als er vom Heuboden herabsteigt, findet er das Unglaubliche, das kleine Wunder: "A cool glass of fresh milk, and a few apples and pears laid at the foot of the steps." Er nimmt die Gaben als Zeichen, „that the immense world would accept him and give him the long time needed to think all the things that must be thought." (S. 181) Die Speisen stellen eine natürliche Kraftquelle dar, von der eine spirituelle Wirkung aus-

geht. Der Gedanke, dass Clarisse ihm diese Nahrung gebracht hat, gibt ihm das Vertrauen, das er braucht, um den bevorstehenden Herausforderungen gewachsen zu sein.

Heilserwartung (Seite 207 bis 210)

Während über dem Lagerfeuer das Frühstück zubereitet wird, erzählt Granger die Fabel vom Vogel Phönix, der sich alle paar Hundert Jahre selbst verbrennt und jedes Mal aus der Asche neu geboren wird. Er deutet diesen Mythos im Sinne einer zyklischen Geschichtsauffassung, wonach die Menschheitsgeschichte ein unendlicher Kreislauf von Zerstörung und Erneuerung ist. Allerdings, so sagt er, gebe es einen wichtigen Unterschied:

> *[...] we've got one damn thing the Phoenix never had. We know the damn silly thing we just did. We know all the damn silly things we've done for a thousand years, and as long as we know that and always have it around where we can see it, some day we'll stop making the goddam funeral pyres and jumping into the middle of them. We pick up a few more people that remember, every generation. (S. 207 f.)*

Die Chance, den Kreislauf zu unterbrechen, liegt in einem von Generation zu Generation wachsenden Geschichtsbewusstsein. Es geht dabei nicht um das Bewahren der Vergangenheit um ihrer selbst willen. Die Überlieferung eines Bücherkanons garantiert noch keinen Lernprozess: "But even when we had the books on hand, a long time ago, we didn't use what we got out of them. We went right on insulting the dead." Vielmehr hängt die Zukunft davon ab, ob es gelingt, ein kollektives Repertoire menschheitsgeschichtlicher Erinnerung aufzubauen. Granger ist optimistisch genug zu glauben, dass dies gelingen kann: "That's where we'll win out in the long run. And some day we'll remember so much that we'll build the biggest goddam steam-shovel in history and dig the biggest grave of all time and shove war in and cover it up." (S. 208)

Das unmittelbar auf dieses Zitat folgende Bild einer Fabrik, die die Menschheit mit Spiegeln versorgt, unterstreicht den Gedanken, dass es dabei auf Selbsterkenntnis ankommt. Nur wenn wir bereit sind, uns so wahrzunehmen, wie wir wirklich sind, können wir daraus für die Zukunft die richtigen Schlüsse ziehen. Aus der Vergangenheit gewonnene kritische Einsicht in die eigene Unvollkommenheit ist die Voraussetzung für die Unterbrechung des Teufelskreises aus Niedergang und Aufstieg.

Die Schlusssequenz des Romans ist voller Anklänge an Bilder und Szenen aus der Bibel. Mit Grangers schweigend gegebener Einwilligung führt Montag die Gruppe an. Er gleicht einer alttestamentlichen Prophetengestalt, die das auserwählte Gottesvolk in das Land der Verheißung führt. Unter den Büchermenschen ist er das Buch *Ecclesiastes,* der Prediger Salomon. Während die kleine Schar sich langsam vorwärts bewegt, regen sich in seinem Gedächtnis die ihm anvertrauten Worte. Zwei Bibelstellen fallen ihm ein, Prediger, Kapitel 3, Vers 1, 3 und 7 und Offenbarung, Kapitel 22, Vers 2. Im ersten Zitat geht es um das Unterworfensein des Menschen unter eine natürliche Ordnung. Der Text greift den bereits in der Phönix-Erzählung enthaltenen Kreislaufgedanken wieder auf: "To everything there is a season." (S. 209) Mit dem Wort „season" ist die Vorstellung einer ständigen Wiederkehr des Gleichen verbunden, die den Zyklus von Zerstören und Aufbauen einschließt: "A time to break down, and a time to build up." Montag stockt daher und sucht nach einer notwendigen Ergänzung. Die Antwort findet er in dem zweiten Zitat: *"And on either side of the river was there a tree of life which bare twelve manner of fruits, and yielded her fruit every month; And the leaves of the tree were for the healing of the nations."* (S. 210) In der Offenbarung, auch Apokalypse genannt, wird vom Untergang der Welt und dem endgültigen Sieg Gottes über das Böse berichtet. Wenn die Menschen glauben und ausharren, werden sie die Früchte des Sieges ernten. Diese

Zukunftserwartung ist im Bild des „tree of life" ausgedrückt. Der Zyklus der Zerstörungen wird ein Ende haben, der Tod wird durch das Leben überwunden. Die zwölf Früchte stellen die zwölf Stämme Israels auf ihrem Zug in das Gelobte Land dar. Die Blätter symbolisieren die endgültige Versöhnung aller Rassen und Völker, „the healing of the nations".

Wenn Bradbury am Schluss seines Romans Montag, Granger und die anderen in einen heilsgeschichtlichen Zusammenhang einordnet, so greift er damit einen Gedanken auf, der in der amerikanischen Geistesgeschichte eine bedeutsame Rolle spielt. Die ersten Siedler waren bibelgläubige Puritaner, die sich wie die Israeliten des Alten Testaments als das auserwählte Volk und ihre Kolonien als von Gott verheißenes Land ansahen. Ein ähnliches, wenn auch weniger religiös geprägtes Sendungsbewusstsein erfüllte die Pioniere, die im 19. Jahrhundert die Westgrenze bis an den Pazifik vorschoben. In dem damals geprägten Begriff *Manifest Destiny* (etwa: offenkundige Bestimmung) kam der Glaube zum Ausdruck, die weiße Bevölkerung habe den Auftrag, den ganzen Kontinent in Besitz zu nehmen und zum Wohl der Menschheit in ein vorbildliches Staatswesen zu verwandeln. Die aus dieser Quelle hervorgegangenen missionarischen Vorstellungen von der Rolle der Vereinigten Staaten gehören noch immer zum Kernbestand eines nationalen Mythos, den man im Allgemeinen als *American Dream* bezeichnet.

Bradbury knüpft an diese ideengeschichtliche Tradition an und entwickelt daraus die utopische Gegenwelt zur Dystopie des Romans. Die Büchermenschen sind Pioniere auf dem Weg in eine bessere Zukunft. Montags letzter Gedanke, „When we reach the city", unterstreicht noch einmal den mythologischen Sinnbezug. Die Stadt ist das vom Zorn Gottes getroffene sündige Babylon, wird aber irgendwann einmal zum neuen Jerusalem der Offenbarung werden, zum irdischen Paradies, von dem die Menschheit seit Urzeiten träumt.

Bradbury, Huxley, Orwell

Fahrenheit 451 trägt den Stempel von Bradburys schöpferischer Persönlichkeit, ist aber auch von Werken anderer Autoren beeinflusst. An erster Stelle sind hier Aldous Huxleys *Brave New World* und George Orwells *1984* zu nennen. Bei aller Unterschiedlichkeit gibt es eine Reihe bemerkenswerter Überschneidungen zwischen den drei Romanen.

Zukunftsszenarien

Orwells vier Jahre vor *Fahrenheit 451* erschienenes Buch spielt im London des Jahres 1984. Es herrscht Krieg. Die Lebensbedingungen sind schlecht. Der dauernde Raketenbeschuss und ein akuter Mangel an Dingen des täglichen Bedarfs haben die Bevölkerung zermürbt. An der Spitze des Staates steht der Superdiktator *Big Brother*. Sein Bild ist allgegenwärtig, obwohl ihn niemand leibhaftig zu Gesicht bekommt. Alle Macht liegt in den Händen der Partei. Der lückenlosen Fernsehüberwachung kann sich niemand für mehr als ein paar Minuten entziehen.

Im Gegensatz dazu projiziert Huxley seine Science-Fiction-Vision 600 Jahre in die Zukunft. In seinem 1932 veröffentlichten Roman entwirft er einen Weltstaat, der Glück und ewigen Frieden garantiert. Der Preis ist allerdings die völlige Abschaffung individueller Freiheit. Durch genetische Manipulation – Kinder werden in der Retorte erzeugt – und psychologische Konditionierung ist ein Zustand permanenter sozialer Stabilität erreicht. Jeder erhält den zu ihm passenden Platz in der Gesellschaft und niemand wünscht sich, etwas anderes zu sein oder zu besitzen. Drogen, Sex und Vergnügungen tun ein Übriges, um dauerhafte Zufriedenheit zu gewährleisten.

Bradbury hat von beiden Szenarien wichtige Elemente übernommen. So ist auch bei ihm die Bedrohung der Bevölkerung durch Krieg ein durchgängiges Motiv. Die Feuerwehr, die an die Stelle von Orwells allmächtiger Partei tritt, ist ähnlich perfekt organisiert. Dennoch ist Bradburys staatliche Ordnung im Vergleich zu der Orwells fast liberal zu nennen. Der Autor verzichtet zwar auf eine genauere Ausgestaltung des politischen Systems, aber man kann immerhin erkennen, dass es sich um ein dem amerikanischen ähnliches Staatswesen mit einem vom Volk gewählten Präsidenten handelt. In *1984* hätten Dissidenten wie Montag, Faber und Granger keine Überlebenschance. Folter und Gehirnwäsche sind hier so weit entwickelt, dass jeder Widerstand aussichtslos ist.

Von Huxley hat Bradbury den Stabilitätsgedanken entlehnt. Solange alle Menschen glücklich zu sein glauben, ist der Status quo nicht in Gefahr. Die Mechanismen zu seiner Aufrechterhaltung sind vergleichbar. Auch bei Huxley lenkt eine umfassend organisierte Spaßkultur von den unangenehmen Seiten des Lebens ab. Die so genannten *Feelies*, Kinofilme, die nicht nur durch Bild und Ton wirken, sondern auch den Tastsinn befriedigen, erinnern an die perfekte Illusion des Wand-an-Wand-Fernsehens in *Fahrenheit 451*. *Soma* ist eine Droge, deren Gebrauch in *Brave New World* obligatorisch ist. Anders als Mildreds Schlaftabletten ist dieses Mittel ohne gefährliche Nebenwirkungen. Ein Unterschied zu Bradburys Stabilitätskonzept besteht darin, dass Huxleys Methoden auf exakten wissenschaftlichen Forschungsergebnissen beruhen und somit dem Einzelnen keine Möglichkeit lassen, sich ihnen zu entziehen. In *Fahrenheit 451* gibt es immer noch private Freiräume. Man kann, wie Clarisse oder Faber, insgeheim individuelle Interessen pflegen, wenn man die nötige Vorsicht walten lässt, oder sich, wie Granger und seine Gefährten, dem Zugriff der Staatsmacht ganz entziehen.

Personen, Erzählperspektive, Handlung

Orwells Zentralfigur ist Winston Smith, ein Angestellter des Wahrheitsministeriums. Seine Aufgabe besteht darin, Dokumente so zu verändern, dass sie mit der von der Partei gewünschten politischen Linie übereinstimmen. Im Laufe der Zeit sind ihm Zweifel gekommen, ob die Partei immer Recht hat. Er beginnt, auf eigene Faust Nachforschungen über die Vergangenheit anzustellen, und wird damit zum Staatsfeind. Sein Verhältnis zu Julia, einer jungen Frau, die das Leben genießen und sich der ständigen Überwachung entziehen möchte, wird ihm schließlich zum Verhängnis. O'Brien, ein hochrangiger Parteifunktionär, kommt den beiden auf die Spur und lässt sie verhaften. Unter seiner Aufsicht wird Winston durch Folter und Psychoterror zum gläubigen Parteigenossen bekehrt. Einen Ausweg aus der Hölle dieser Diktatur gibt es weder für ihn noch für Julia. Ähnlich wie Guy Montag fungiert Winston Smith als Außenseiter und Kommentator des Geschehens.

In Huxleys Roman sind Bernard Marx, ein Wissenschaftler, und John, genannt „the Savage", ein in einem Reservat auf natürliche Weise geborener und aufgewachsener junger Mann, die nicht an das System angepassten Hauptpersonen. Ihr Schicksal öffnet dem Leser die Augen für die Unmenschlichkeit der schönen neuen Welt. Marx sucht wie Montag nach einer persönlichen Identität. Seine Beziehung zu Lenina Crowne, einer vergnügungssüchtigen und konsumfreudigen jungen Dame, die sich mit hohen *Soma*-Dosen alle Probleme vom Leibe hält, erinnert an das Verhältnis Montags zu Mildred. John wird, nachdem er das Reservat verlassen hat, zu einer Gefahr für die so genannte zivilisierte Welt. Er besteht auf seinem Anspruch, ein selbstständig denkender und fühlender Mensch zu sein und lehnt die systemimmanente Glücksvorstellung aus innerer Überzeugung ab. Gemeinsam mit Bernard Marx und dessen Freund Helmholtz Watson wird er vor den Weltkontrolleur Mustapha Mond zitiert, der die drei Rebellen belehrt und bestraft. Wie *1984* endet auch *Brave New World* pessimistisch. Marx und Watson werden verbannt, John begeht Selbstmord. Anders als Orwell und Bradbury wählt Huxley für seinen Roman eine objektive Erzählperspektive. Sein allwissender Erzähler schildert das Geschehen aus einer ironischen Distanz. Die Darstellung ist oft satirisch überspitzt und appelliert an ein intellektuelles Lesepublikum, das in der Lage ist, die ausführlichen wissenschaftlichen und philosophischen Erörterungen nachzuvollziehen.

Bradbury folgt der genretypischen Personenkonstellation, wonach die Protagonisten (Montag, Smith, Marx) zugleich die Systemgegner sind. Ihnen zur Seite stehen andere Abweichler (Faber, Granger, Watson, John) sowie mindestens eine weibliche Hauptperson (Clarisse, Mildred, Julia, Lenina). Mildred entspricht Lenina, während Clarisse eher mit Julia zu vergleichen ist. Beatty, O'Brien und Mond sind die Repräsentanten der Macht. Zu ihrer Rolle gehört die Erklärung der Funktionsweise des jeweiligen Kontrollsystems und der damit verbundenen Zielsetzungen. In allen drei Romanen geschieht dies in einer Art Privataudienz mit den Rebellen. Die betreffenden Stellen sind Höhepunkte der Romane und dienen der gedanklichen Vertiefung der dystopischen Szenarien. Dabei sind Beattys Ausführungen vergleichsweise knapp und weniger theoretisch als die Erläuterungen von O'Brien und Mond.

Insgesamt weist Bradburys Roman eine verhältnismäßig einfache Handlungsstruktur auf. Mit *1984* stimmt die Erzählperspektive überein, während es zu *Brave New World* stilistische Parallelen gibt, z. B. satirische Übertreibungen und literarische

Anspielungen. Hinsichtlich der Romanschlüsse unterscheidet sich *Fahrenheit 451* von den anderen beiden Werken durch die utopische Zukunftsperspektive. Orwells und Huxleys Dystopien bleiben ohne jede Hoffnung auf positive Veränderungen.

Thematik

Das Grundproblem der drei Romane ist das Verhältnis des Einzelnen zur Gesellschaft. Hier zeigen sich weitgehende Übereinstimmungen. Immer lehnen sich die Hauptpersonen gegen den Staat auf. Die Gründe liegen in der Unterdrückung des Individuums durch eine erzwungene Massenkultur, in der die Menschen sich kaum noch voneinander unterscheiden. Gleichheit wird zum obersten Prinzip aller dystopischen Herrschaftssysteme. Nur die Mittel zu ihrer Verwirklichung sind verschieden. In *1984* wird dieses Ziel gewaltsam durch eine brutale Diktatur erzwungen, während in *Brave New World* wissenschaftliche Methoden die Anpassung aller an die gewünschten Standards garantieren. Bradbury wählt einen dritten Weg: die freiwillige Unterordnung unter das System aus Bequemlichkeit. Die Feuerwehr ist zwar als Kontrollorgan vorhanden, wäre aber eigentlich gar nicht notwendig. Die Menschen haben sich bis auf wenige Ausnahmen längst an ihre Entmündigung gewöhnt.

Eine der wichtigsten Waffen in der Hand des Staates ist in den drei Romanen die Abschaffung der Vergangenheit. In *1984* wird ein enormer Aufwand getrieben, um die Geschichte im Sinne der Partei ständig umzuschreiben. In Huxleys Welt der Zukunft sind Bücher ebenso geächtet wie in *Fahrenheit 451*. Kulturelles Wissen, etwa die Kenntnis von Shakespeares Dramen, ist den Weltkontrolleuren vorbehalten. Mustapha Mond ist ein hochgebildeter Mann. Dasselbe gilt von O'Brien und Beatty. Die Machthaber müssen die Wahrheit kennen, um herrschen zu können. Für die Masse des Volkes würde Wissen über die Vergangenheit die Möglichkeit bedeuten, Vergleiche anzustellen und die eigene Lage zu durchschauen, und daher die Gefahr der Auflehnung in sich bergen.

Eine mehr oder minder wichtige Rolle spielt der technisch-industrielle Fortschritt. Huxley nimmt zu diesem Komplex eine besonders kritische Haltung ein. Im Fall der Gentechnik sieht er den Menschen als Objekt von Manipulationen, die der Einzelne weder durchschauen noch steuern kann. In seinem Staat wird niemand gefragt, ob er zur Alpha- oder zur Epsilon-Kaste gehören möchte. Auch bei Bradbury werden technische Errungenschaften missbraucht, um Menschen zu unterdrücken und abhängig zu machen. Für Orwell ist dieses Thema nur am Rande von Bedeutung. *Big Brother* verlässt sich wie Hitler und Stalin lieber auf Propaganda und eine geheime Polizei.

Wollte man aus dem Vergleich der drei Zukunftsromane eine Bilanz ziehen, so bestünde diese wohl in dem gemeinsamen Plädoyer für ein Recht auf Individualität. In einer Welt, in der in nahezu allen Lebensbereichen der Wille der großen Masse zum Gesetz wird, ist es immer schwieriger, sich dem zu entziehen, was Faber „the terrible tyranny of the majority“ nennt. Die größte Gefahr für Wahrheit und Freiheit gehe von der dicht gedrängten, unbeweglichen Viehherde der Mehrheit aus, meint er (S. 140). Für den Einzelnen liegt darin die Aufforderung, sich dem Anpassungsdruck zu widersetzen. Der spanische Dichter Juan Ramón Jiménez drückt diesen Gedanken in einem einprägsamen Bild aus, das Bradbury zum Motto seines Romans gewählt hat (S. 5): “If they give you ruled paper, write the other way.”

Literaturhinweise

Verwendete Ausgabe:
Bradbury, Ray: *Fahrenheit 451.* Reclam: Stuttgart 2000.
Kommentierter Text mit sprachlichen Erklärungen, Literaturangaben und einem Nachwort von Norbert Köhn.

Huxley, Aldous: *Brave New World.* Reclam: Stuttgart 2002.
Kommentierte Ausgabe mit sprachlichen Erklärungen und einem Nachwort von Dieter Hamblock.

Orwell, George: *Nineteen Eighty-Four.* Penguin: London 1989.
Taschenbuchausgabe.

Greenberg, Martin Harry & Olander, Joseph D.: *Ray Bradbury.* Writers of the 21st Century Series. Taplinger: New York 1980.
Sammelband mit Abhandlungen verschiedener Autoren zu unterschiedlichen Themen.

Mogan, David: *Ray Bradbury.* Twaine: Boston 1986.
Bradburys Entwicklung als Schriftsteller mit chronologischer Darstellung der verschiedenen Schaffensphasen.

Reid, Robin Anne: *Ray Bradbury. A Critical Companion.* Greenwood: Westport (Connecticut), London 2000.
Sprachlich gut zugängliche Übersicht über Leben und Werk mit neueren Literaturangaben.

Anmerkungen

1 Dieser Satz ist eigentlich der Anfang des ersten Absatzes. In einigen Ausgaben steht er jedoch als Überschrift über dem gesamten ersten Romanteil. Nach der Originalausgabe lautet die Überschrift: *The Hearth and the Salamander.*

2 Es gibt im Deutschen für *fireman* nur die Übersetzung „Feuerwehrmann“. Das englische Wort bietet die Möglichkeit einer ironischem Umdeutung im Sinne von „Brandstifter“, die im Deutschen verloren geht.

3 zitiert nach: GÖLLER, K. H.: *Das Spektrum von Science Fiction zwischen Trivial- und Hochliteratur,* Neusprachliche Mitteilungen, Heft 3/1977, S. 137

4 zitiert nach: WATT, D:. *Burning Bright: "Fahrenheit 451" as Symbolic Dystopia,* in: GREENBERG & OLANDER: *Ray Bradbury,* S. 206 (siehe Literaturhinweise)

5 MOGAN, D.: *Ray Bradbury,* S. 38 (siehe Literaturhinweise)

6 so Donald Watt im Titel seiner Abhandlung, siehe Anmerkung 4

7 so Judith Merril, zitiert nach: MOGAN, S. 35

8 REID, R. A.: *Ray Bradbury,* S. 62 (siehe Literaturhinweise)

9 MOGAN, S. 104

10 MOGAN, S. 83

11 POSTMAN, N.: *Amusing Ourselves to Death.* Heinemann: London 1986, S. 155 f.

12 *Author's Afterword,* in: BRADBURY, R.: *Fahrenheit 451,* Ballantine: New York 1981, S. 165

13 zitiert nach: WOLFE, G. K.: *The Frontier Myth in Ray Bradbury,* in: GREENBERG & OLANDER, S. 41

14 MOGAN, S. 107

Ihre Meinung ist uns wichtig!

Ihre Anregungen sind uns immer willkommen. Bitte informieren Sie uns mit diesem Schein über Ihre Verbesserungsvorschläge!

Titel-Nr.	Seite	Vorschlag

Bitte hier abtrennen

Bitte hier abtrennen

Zutreffendes bitte ankreuzen! Die Absenderin/der Absender ist:

- ☐ Lehrer/in in den Klassenstufen: ____
- ☐ Fachbetreuer/in
  Fächer: ____
- ☐ Seminarlehrer/in
  Fächer: ____
- ☐ Regierungsfachberater/in
  Fächer: ____
- ☐ Oberstufenbetreuer/in
- ☐ Schulleiter/in
- ☐ Referendar/in, Termin 2. Staatsexamen: ____
- ☐ Leiter/in Lehrerbibliothek
- ☐ Leiter/in Schülerbibliothek
- ☐ Sekretariat
- ☐ Eltern
- ☐ Schüler/in, Klasse: ____
- ☐ Sonstiges: ____

STARK Verlag
Postfach 1852
85318 Freising

19-V1P

Bitte ausfüllen und im frankierten Umschlag an uns einsenden. Für Fensterkuverts geeignet.

Kennen Sie Ihre Kundennummer? Bitte hier eintragen.

Absender (Bitte in Druckbuchstaben!)

Name/Vorname

Straße/Nr.

PLZ/Ort/Ortsteil

Telefon privat

Geburtsjahr

E-Mail

Schule/Schulstempel (Bitte immer angeben!)

Unterrichtsfächer: (Bei Lehrkräften!)

(Bitte blättern Sie um)